EDUCAÇÃO LITERÁRIA NO ENSINO MÉDIO

Metodologia do ensino da literatura

ADRIANA JUNQUEIRA ARANTES

EDUCAÇÃO LITERÁRIA NO ENSINO MÉDIO

Metodologia do ensino da literatura

Freitas Bastos Editora

Direção Editorial: Isaac D. Abulafia
Gerência Editorial: Marisol Soto
Diagramação e Capa: Madalena Araújo

**Dados Internacionais de Catalogação na Publicação (CIP)
de acordo com ISBD**

A662e	Arantes, Adriana Junqueira
	Educação Literária no Ensino Médio: metodologia do ensino da literatura / Adriana Junqueira Arantes. - Rio de Janeiro, RJ : Freitas Bastos, 2023.
	232 p. : 15,5cm x 23cm.
	ISBN: 978-65-5675-345-4
	1. Educação. 2. Educação Literária. 3. Ensino Médio. I. Título.
2023-2856	CDD 370
	CDU 37

Elaborado por Vagner Rodolfo da Silva - CRB-8/9410

Índice para catálogo sistemático:
1. Educação 370
2. Educação 37

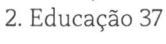

Freitas Bastos Editora
atendimento@freitasbastos.com
www.freitasbastos.com

[...] O tempo contemporâneo é, como já observavam Leopardi e Hegel – ainda que com filosofias opostas –, hostil à literatura, que só se tolera como atividade ilhada, abstraída da prática social corrente e, daí, reificada ou monologizada...

(BAKHTIN, 2003)

SUMÁRIO

CAPÍTULO 1

POR UMA EDUCAÇÃO LITERÁRIA 15
   1.1 Ensino da literatura 15
   1.2 Educação literária 16

CAPÍTULO 2

ESTÉTICA E ESTÉTICA LITERÁRIA 21
   2.1 Estética...21

CAPÍTULO 3

LEITURA E INTERPRETAÇÃO DO
TEXTO LITERÁRIO 25
   3.1 Leitura literária..26
   3.2 Interpretação...29

CAPÍTULO 4

O CÂNONE 35
   4.1 Conceito..35
   4.2 Por uma flexibilização do conceito 38
   4.3 Funções...39
   4.4 Os usos do cânone 42
   4.5 Cânones...44

CAPÍTULO 5

A LITERATURA COMO INSTRUMENTO PARA O CONHECIMENTO LINGUÍSTICO.................................... 47

5.1 Tendências pedagógicas contemporâneas.............47
5.2 Literatura em língua portuguesa: pluralidades.....50
5.3 Oralidades...53

CAPÍTULO 6

LENDO O MUNDO POR MEIO DA LITERATURA....... 57

6.1 Letramento literário...57
6.2 Literatura nacional e literatura estrangeira...........59

CAPÍTULO 7

PRÁTICA E ESTRATÉGIAS DIDÁTICAS LITERÁRIAS... 65

7.1 A divisão por gêneros literários 66
7.2 Enfoque por tarefas...68
7.3 Interdisciplinaridade..77
7.4 mundo digital, a poesia, a ficção e outros baratos...80
7.5 Planejamento didático e transposição didática 86

CAPÍTULO 8

A LITERATURA E A BNCC.. 95

8.1 O Novo Ensino Médio 96
8.2 Ensino e aprendizagem literária no contexto dos Itinerários formativos 102
8.3 Formação do leitor literário na EJA.........................108

CAPÍTULO 9

PEQUENA BIBLIOTECA DE AUTORES
E ATIVIDADES I.. 113
    9.1   Literatura brasileira......................................114
    9.2   Literatura portuguesa 147

CAPÍTULO 10

PEQUENA BIBLIOTECA DE AUTORES
E ATIVIDADES II 171
    10.1 Literatura afro-brasileira na sala de aula:
          leituras do texto literário 172
    10.2 Negritudes...180
    10.3 A literatura indígena no contexto escolar:
          considerações...185

CAPÍTULO 11

PEQUENA BIBLIOTECA DE AUTORES
E ATIVIDADES III... 195
    11.1 A literatura no mundo hoje:
          contemporaneidades..................................196
    11.2 Compreendendo o todo:
          a nova cultura digital.................................218

CONSIDERAÇÕES FINAIS.. 223

PREFÁCIO

O livrinho digital que você tem agora em mãos pretende ser um pequeno e primeiro aporte técnico para aqueles que estudam e/ou atuam no campo do ensino e aprendizagem de literaturas no contexto escolar brasileiro.

Ao pensá-lo como um aporte técnico – e não teórico ou prático – refiro-me ao fato de que procurei dedicar-me a trabalhar aqui sobre os procedimentos e recursos que podem ser usados para alcançar um resultado específico; neste caso, o desenvolvimento de aulas de literatura para estudantes da Educação Básica, especialmente os de Ensino Médio.

As técnicas, como se sabe, têm o objetivo de satisfazer necessidades e exigem conhecimento de quem as aplica. Qualquer atividade realizada na vida diária segue um método ou procedimento, ou seja, uma técnica. E neste sentido, minha experiência de mais de vinte anos como formadora de professores em grandes instituições como UNISA, FMU, ESTÁCIO e ANHEMBI-MORUMBI e autora e editora de didáticos – Sistemas de Ensino e PNLD – na área, com trabalhos publicados por grandes casas editoriais como FTD, ELEVA EDUCAÇÃO, ESCALA, GLOBAL, SOMOS, entre outras tantas, me permitiu observar que a imensa maioria dos formandos em letras, mas também os jovens professores recém-formados, carecem de material instrucional que proponha ou dê notícia das muitas técnicas que o professor de literatura pode ou deve dispor em seu cotidiano de trabalho em sala de aula, mas, igualmente, em seus momentos de estudo e preparação de aulas e cursos.

Além disso, é sabido que o aligeiramento das licenciaturas *online* tem promovido um verdadeiro grotão na formação docente. Tal estado de coisas merece e precisa reparos pós-diplomação para que o professor possa elevar seu desempenho e trabalhar a contento.

Assim, pode-se pensar este pequeno volume como algo a meio caminho entre a teoria e a prática, na medida em que não se aprofunda verticalmente sobre nenhum tema específico, como a boa teoria o faz, e tampouco oferece modelos prontos e predefinidos como muitas vezes se vê em trabalhos de natureza mais prática, o que acaba por replicar sempre os mesmos projetos e procedimentos, muitas vezes já gastos pelo tempo. Ao contrário, este livrinho centra-se no proposito de oferecer ao leitor caminhos e perspectivas de trabalho com o texto literário em sala de aula no mundo contemporâneo, oferecendo ao professor a possibilidade de, a partir da técnica, pensar por si mesmo que direção pretende ou deve seguir, em função das circunstâncias e, igualmente, de seu público-alvo.

E é bem verdade que o trabalho com o texto literário em sala de aula tem seguido uma tradição de técnicas e procedimentos já anacrônica que precisa ser repensada; daí a necessidade de uma nova reflexão a respeito do tema e do estabelecimento de novas técnicas de trabalho. Desse olhar surge a ideia de iniciar com um panorama dessa tradição para, na forma de cotejo e no transcurso dos capítulos, estabelecer quais novas premissas a seguir neste século XXI. Afinal, não se pode repensar uma tradição sem conhecê-la.

Deste modo, o livro aborda conceitos de fundamental importância para o professor de literatura, tais como cânone, gêneros literários, intertextualidade, entre tantos outros, a fim de oferecer ao leitor a possibilidade de reflexões que o levem a construir seu próprio caminho docente, ainda que fundamentado em técnicas reconhecidamente eficazes para o desenvolvimento de uma educação literária, que procure romper com o estatuto insular no qual a literatura se encontra.

APRESENTAÇÃO
PALAVRAS INICIAIS

Para que você possa melhor compreender os caminhos de leitura deste livro observe que ele está dividido em 11 capítulos, os quais, por sua vez, se dividem em diferentes tópicos a fim de tornar a leitura mais pausada e organizada. A divisão do conteúdo constituindo diferentes blocos de texto enriquece, e, ao mesmo tempo, simplifica o conteúdo total da obra. Os tópicos são uma ferramenta textual importante porque ajudam a organizar, visualizar e entender as informações de forma mais clara e sem sobressaltos.

Os 4 capítulos iniciais estão dedicados a aspectos mais teóricos e absolutamente necessários para que você possa ter embasamento suficiente para compreender as técnicas que poderá usar em sala de aula no seu dia a dia, que sabemos, é sempre bastante diverso e complicado. A verdade é que sem eles você não conseguirá fazer nada de forma consciente e autônoma. Assim, tais capítulos situam-se fundamentalmente no campo da teoria literária, base fundamental para qualquer trabalho sério com o texto literário.

Os capítulos 5 a 8 percorrem um caminho muito mais metodológico e trazem técnicas e procedimentos de trabalho em sala de aula a partir de uma dupla perspectiva; de um lado, como não poderia deixar de ser, os estudos literários base fundamental que deve nortear o trabalho docente, e de outro, a perspectiva pedagógica que sustenta o cotidiano em sala de aula. Além disso, está presente neste grupo de capítulos a necessária discussão em torno dos documentos legais e outros textos educacionais governamentais que estabelecem as diretrizes de trabalho para a Educação Básica no país no momento atual.

Já os capítulos 9 a 11 trazem algumas hipóteses de direcionamento dos trabalhos de educação literária em sala de aula, a partir de diferentes conjuntos de obras, adotando um olhar agudo para a diversidade e heterogeneidade de obras literárias existentes, observando diferentes épocas, lugares e contextos de produção; bem como, os diferentes suportes das obras literárias no transcurso da história (em particular, as produções e desenvolvimento de suportes mais recentes).

A ideia é que você se aproprie de todo este conjunto de possibilidades de prática de leitura que aqui sugerimos a partir da exemplificação em torno de alguns autores e/ou obras de modo a se preparar para aplicá-los em sala de aula visando desenvolver em seus alunos a capacidade interpretativa dos textos literários que os levará a uma competência literária.

Para isso trouxemos, igualmente, boxes com sugestões, dicas, estudos de caso e reflexões diversas para que você possa enriquecer ainda mais o seu repertório e suas possibilidades do manejo com a literatura no contexto da Educação Básica.

O livro, como não poderia deixar de ser, encerra-se com um breve texto no qual se estabelecem as considerações finais, que precedem uma ampla bibliografia da área – que é, simultaneamente, a bibliografia consultada para a produção deste volume – que o professor poderá consultar a fim de fazer buscas mais aprofundadas a respeito dos temas aqui tratados, sempre que julgar necessário.

CAPÍTULO 1
POR UMA EDUCAÇÃO LITERÁRIA

Podemos iniciar esta conversa, que será toda ela sobre a literatura em sala de aula e o ser professor de literatura, fazendo referência a um momento histórico específico que mudou os rumos do processo educacional no Ocidente: trata-se do processo de modernização do mundo a partir do século XVIII, ou seja, desde a Revolução Industrial, do advento da supremacia da tecnologia e da mercadoria em detrimento do humano, e que tem despertado a atenção de diversos pensadores e educadores, preocupados com os destinos da humanidade e a educação dos seres humanos.

1.1 ENSINO DA LITERATURA

No que diz respeito ao ensino de literatura, também podemos afirmar que os séculos XIX e XX testemunharam um modelo de ensino de literatura que era – e, de certa maneira, permanece até hoje – baseado na transmissão de dados em uma perspectiva diacrônica da literatura, como se esta fosse, talvez, mais uma mercadoria.

Assim, esse ensino tradicional da literatura no EM ainda tem mantido sua vigência até os dias atuais, com ênfase nas aulas expositivas, na abordagem cronológica do fato literário, com base em panoramas históricos e nas características estilísticas das diferentes épocas, sem atingir a leitura de textos literários. Observe que esse modelo de ensino tem como escopo exclusivo uma leitura fragmentada dos autores considerados canônicos, que servem de exemplo para uma determinada escola ou estilo, o que não desperta o interesse dos alunos e, contemporaneamente, pouco se coaduna aos propósitos constantes na BNCC.

Aliás, há um crescente desinteresse dos alunos pela literatura. E, talvez, isso se deva ao fato de que esse modelo de ensino não observa a literatura como instrumento de cultura, mas como objeto de conhecimento positivo, material, mensurável. Nesse sentido, a literatura perdeu seu lugar central como produtora social de sentidos, como representação cultural do mundo da experiência, como via privilegiada de acesso à história da cultura e da humanidade. Além disso, veja que muitos dos professores não buscam o dinamismo e a motivação necessários para atingir o gosto dos alunos contemporâneos que estão imersos na sociedade pós-industrial, virtual e globalizada. Por outro lado, a emergência do discurso tecnológico eclipsou o lugar de prestígio que em outros tempos ocupavam as humanidades.

Assim, podemos pensar na possibilidade de substituir o ensino de literatura, tal como se conhece, por algo que eu chamaria de uma educação literária; algo que leve em conta a leitura de textos literários e o aprendizado da interpretação dos textos. Uma educação literária que se baseie na competência leitora, na construção de significados, na percepção do objeto linguístico-literário e que conduza o aluno ao acesso polissêmico à diversidade social, cultural e linguística que a literatura promove.

1.2   EDUCAÇÃO LITERÁRIA

Em primeiro lugar, considere que uma educação literária, conforme previsto na BNCC, deve contribuir para a aquisição das habilidades de acesso à competência leitora e à linguagem escrita e, igualmente, à formação da pessoa, à vivência da capacidade simbólica da linguagem e à possibilidade de construção de sociabilidade. Nesse sentido, você deve tomar a literatura em sua possível articulação com a educação cidadã. Mas será que a atividade de leitura permite forjar essa capacidade de compreender a diversidade em relação aos espaços e tempos muitas vezes indeterminados dos textos? Sim, claro. Aliás, a literatura cria acesso a experiências, mundos, realidades que não podem ser alcançadas pela experiência pessoal, como, por exemplo, o contato com o passado remoto. Além disso, ela apresenta o mundo, as diferentes manifestações da cultura, a vida, a multiplicidade de sociedades existentes estimulando, portanto, o pensamento crítico.

<Biblioteca Nacional, Rio de Janeiro, janeiro de 1938.>
Arquivo Nacional. Fundo Correio da Manhã BR_RJANRIO_PH_0_FOT_00628_002
Disponível em: https://www.flickr.com/photos/arquivonacionalbrasil/35806029053 acesso em 30 mai. 2022.

Neste sentido, veja que compreender a educação literária como a possibilidade do aprendizado da interpretação dos textos significa renovar as formas de experiência com a linguagem, renovar e/ou ampliar os critérios de seleção do *corpus* literário e dos textos que circulam na interação comunicativa, considerando as mudanças sociais, em que surgem as circunstâncias. Ou seja, adotar a avaliação estética da literatura significa procurar adequar o *corpus* ao seu público-alvo, promover a inserção da literatura no cenário do aluno, levando-o à familiarização com os diferentes textos literários e sua dessemelhança em relação a outras formas textuais, além da apropriação das especificidades literárias e, claro, a avaliação do próprio texto literário.

Assim, é preciso promover essa educação literária encarando-a como uma produção estética e não apenas como uma imagem histórica articulada por uma linguagem mais elaborada e mais complexa; e mais ainda, enfatizar que sua função é, antes da formação moral, a da experiência estética e linguística.

Além disso, em sua atividade de professor, você deverá levar em conta a literatura em sua possibilidade de humanizar o homem, tal como explicou Antônio Candido:

> *Entendo por humanização o processo que confirma no homem aqueles traços que reputamos essenciais, como o exercício da reflexão, a aquisição do saber, a boa disposição para com o próximo, o afinamento das emoções, a capacidade de penetrar nos problemas da vida, o senso da beleza, a percepção da complexidade do mundo e dos seres, o cultivo do humor. A literatura desenvolve em nós a quota de humanidade na medida em que nos torna mais compreensivos e abertos para a natureza, a sociedade, o semelhante. (CANDIDO, 2004, p. 180)*

Veja que nesse sentido, a educação literária se constitui como uma atividade globalizante que se justifica por ser uma tarefa transformadora, gerando mudanças sociais e culturais, bem como novos posicionamentos diante da realidade. Não existem fórmulas definitivas, mas sim a necessidade de o professor usar de seu raciocínio para atingir as aspirações leitoras dos alunos, bem como a de recorrer a uma boa abordagem teórica e a um *corpus* adequado e bem pensado, por meio de muitas leituras prévias. Ora, um texto não é algo fixado em um momento histórico; ele se desprende de seus significados e mantém sua continuidade nas múltiplas leituras que provoca. Ao invés de perguntar: *o que o texto diz?*, é preciso perguntar: *como o texto funciona em relação ao que ele quer dizer?* Isso porque, o leitor interage com o texto.

Já há muito tempo temos conhecimento de que a universalização da alfabetização e do ensino diversificou os usos da leitura e da escrita. Você já deve ter observado que a ampliação do leque de escolarização incorporou setores sociais para os quais as formas escolares usuais ou tradicionais têm se verificado ineficientes e, principalmente, o dia a dia contemporâneo nos mostra o surgimento de uma incontornável multiplicidade de ferramentas de comunicação audiovisual que vêm contribuindo para satisfazer a necessidade de ficção que todos os homens aspiram, ao oferecer outros canais para a elaboração de imagens e lógicas diferentes das do mundo letrado, encontrando novos canais nos poderosos meios de comunicação de massa ou, agora, nos meios digitais.

Assim, procuramos propor uma nova perspectiva para a formação literária que vislumbre a possibilidade de uma revisão ou ampliação e diversidade do *corpus*, incluindo autores mais contemporâneos, como preferem os jovens, sem, com isto, cometer o equívoco de abandonar os clássicos; ou seja: adotar uma postura multicultural que contemple as diferenças. A referência é clara: usar dos textos clássicos e também dos mais próximos do contexto do aluno; bem como aquelas pertencentes à chamada "outra literatura" (literatura infantil, mitos, literatura de massa, HQ etc.), aproveitando inclusive a conexão entre as diferentes linguagens para ampliar as possibilidades dos alunos de alcançar uma melhor formação leitora. Nesse sentido, os audiolivros ou outras formas vinculadas às tecnologias digitais promovem, simultaneamente, a inclusão de alunos com deficiência visual ou outras formas de limitação leitora, no mundo da literatura e do livro.

CAPÍTULO 2
ESTÉTICA E ESTÉTICA LITERÁRIA

Iniciamos este livro fazendo referência ao momento inicial do processo de industrialização do Ocidente. Agora, para iniciar este novo capítulo, gostaria de dizer que aquilo que a Modernidade convencionou chamar de literatura pode ser observado no Ocidente desde meados do século XVII. Assim, a definição moderna de literatura foi acompanhada por um processo de canonização dos textos: isto é; determinado grupo de autores e obras foi escolhido como representativo do que se atribui o nome ou valor de literatura. Sua fundamentação é baseada na ideia de nacionalidade e isso foi importante para nortear essa escolha. Assim, coube à história da literatura organizar os textos em perspectiva diacrônica, estabelecendo uma estreita relação entre história e literatura, o que possibilitou, a partir do século XIX, promover a escolarização da leitura literária e de seus estudos.

2.1 ESTÉTICA

Sem dúvida, o surgimento do <u>cânone</u> literário e da periodização que possibilitaram a posterior escolarização da literatura representou uma ancoragem inédita na possibilidade de leitura da população; no entanto, lembre-se de que a literatura é antes de tudo uma experiência estética (*aistheiké*). De grande importância na práxis humana, a fruição ou percepção da arte é a busca incansável pela percepção através dos sentidos. O primeiro pensador que falou sobre esse assunto foi o grego Aristóteles em sua importante obra *A Poética*.

> **SAIBA MAIS**
>
> Aristóteles é um dos maiores nomes da Filosofia Grega. Uma de suas importantes obras é *A Poética*. Curiosamente, Aristóteles não a escreveu. Trata-se de uma compilação de fragmentos de suas aulas, anotadas por alguns de seus discípulos. É um texto que tem como tema a origem da poesia e de seus diferentes gêneros, em particular, o épico e o trágico. Sua primeira tese é que a arte imita a natureza (*mimesis*) e tal ideia se tornou um eixo paradigmático no pensamento estético ocidental e, consequentemente, dos estudos literários.

Partindo da perspectiva comentada anteriormente podemos afirmar que a obra literária tem suas próprias qualidades autônomas e mobiliza fenômenos de percepção e fruição. A ideia de "experiência estética" pode ser entendida como um processo de recepção e participação do leitor sobre a arte, denotando certa natureza inacabada do texto literário e, por outro lado, um processo de experiência estética que não é exclusivamente intelectual, mas também perceptivo, sensorial ou **catártico**, para voltar aos termos aristotélicos.

> **SAIBA MAIS**
>
> A *katharsis* nada mais é do que a participação e apropriação do sujeito em relação à prática que vive; o sujeito se descobre apropriando-se de uma experiência de sentido do mundo. Em outros termos: se vou ao teatro assistir a Édipo Rei, tendo a sentir as mesmas dores sentidas por ele; apaixono-me por Jocasta, sinto ganas de matar a Laio e arrependo-me depois, em nome do terrível sentimento de haver matado o próprio pai. Vejo-me refletida em Édipo ou vejo os reflexos deste em mim.

<Para Aristóteles, a *katharsis* se manifestava no teatro, quando o público se sentia representado nos personagens>
MILIVOJEVIC, M. Ópera, teatro, mulher. Licença CC0. Disponível em: https://pixnio.com/pt/media/opera-teatro-engracado-mulher-jovem-leitura. Acesso em 09 jun. 2022.

Nesse sentido, a literatura não tem existência autônoma – tem natureza inacabada – e não oferece ao leitor de cada época os mesmos parâmetros de leitura, ao contrário, exige a experiência do leitor para alcançar o seu sentido pleno. No entanto, o leitor não está 100% livre para imaginar tudo o que deseja, ou seja; seu horizonte não é arbitrário, mas resulta de momentos anteriores de leitura e se realiza no embate com o horizonte trazido pelo próprio texto. Daí a validade da Estética da Recepção de Jauss e Iser para uma proposta de leitura e interpretação do texto literário na escola. Essa teoria propõe uma reformulação da historiografia literária e da interpretação textual. Busca romper com o exclusivismo da produção material da literatura, para entendê-la como produção, recepção e comunicação, numa relação dinâmica entre autor, obra e público leitor, estabelecendo, por meio da reconstrução do processo de recepção, a dimensão histórica da leitura do texto literário. Por isso, para formar leitores não basta que as pessoas saibam ler, é preciso que as pessoas utilizem a capacidade de ler de acordo com as especificidades da leitura estético-literária e de seu campo discursivo. Assim, pode-se dizer que essa forma de leitura se estabelece em três momentos: compreensão, interpretação e aplicação.

E isso porque a linguagem literária é a consciência de um autor sobre o mundo em particular e sua possibilidade de comunicação por meio dessa linguagem específica. De qualquer forma, isso ocorre em função da fruição estética, do gozo dos textos e da natureza *não utilitária* da literatura, ou seja, a literatura tem autonomia de sentido; o que não significa autonomia completa. Para se realizar plenamente, a literatura precisa do receptor/leitor, precisa, por assim dizer, de sua caixa de ressonância.

CAPÍTULO 3
LEITURA E INTERPRETAÇÃO DO TEXTO LITERÁRIO

Você pôde observar no capítulo anterior que a leitura do texto literário não é completamente autônoma. Sua natureza interdisciplinar envolve outras contribuições e conhecimentos como a noção de gênero literário, história, ciências sociais, linguística e teoria literária, além das ciências da cognição. Dessa forma, a leitura caracteriza-se por um processo, ao mesmo tempo social e cognitivo, de construção de significados, que pressupõe a participação efetiva do receptor em diferentes atividades cognitivas ao mesmo tempo em que busca uma atribuição de significados (quase sempre múltiplos) ao texto literário, uma vez que tal leitura pressupõe o contato do leitor com diferentes manifestações sociais e culturais no tempo e no espaço histórico.

Nesse sentido, para atuar em sala de aula você precisa ter um conhecimento globalizante sobre o objeto com o qual vai trabalhar: a literatura. Aliás, o professor deve ser um colaborador do aluno promovendo a possibilidade de articulação de leituras, a possibilidade de construção de interpretações com a finalidade de acessar as peculiaridades do texto literário, e não simplesmente apresentar leituras já feitas, prontas e intocáveis.

Daí que devamos considerar o estudo da teoria da literatura como subsídio para a nossa prática docente, ampliando o leque da atividade leitora (tanto para os alunos como para nós) por meio da percepção de diferentes modelos culturais, das relações entre literatura e outras leituras/disciplinas que estão presentes no texto, além da apresentação e compreensão dos diferentes gêneros literários e da existência de características dos diferentes gêneros em uma mesma obra. Além disso, a teoria literária pode oferecer àquele que atua nas salas de aula do EM os instrumentos necessários para a articulação semiótica entre literatura e outras expressões artísticas, como a pintura, a música, o teatro ou cinema.

3.1   LEITURA LITERÁRIA

A leitura literária é uma etapa posterior à prática da leitura em seu aspecto mais amplo. A interação da prática de leitura, conversas socializadas, leituras compartilhadas e atividades além da leitura silenciosa ou em voz alta são imprescindíveis para a compreensão leitora. O momento de troca de impressões é essencial para a interação entre leitor e texto, para que o leitor alcance as inferências que o texto lhe oferece. Com o exercício interativo e em diálogo com o professor e com seus colegas, o aluno aprende a planejar sua leitura, avaliar sua própria compreensão dos textos, explicar suas estratégias de leitura, superar obstáculos.

Ler, lembremo-nos, não é um comportamento espontâneo do homem; é um fato cultural e requer aprendizado. Ler não é apenas elucidar palavras, mas assimilar e encadear ideias, relacionar o que se lê com outras esferas da vida e do mundo. Talvez por isso não seja desprezível para essa formação da competência leitora do texto literário, a ideia de Arnold Hauser ao enfatizar a importância de mediadores de leitura como bibliotecas, confraternizações, escolas, livrarias, saraus e outros mais, dentro das comunidades sociais, para a formação de uma comunidade de leitores.

Veja que o bom leitor deve ser capaz de atualizar um conjunto de relações explícitas e implícitas, construindo assim uma coerência global do texto. Para isso, é preciso utilizar duas habilidades que, aliás, são aprendidas: uma se refere à percepção da estrutura do texto e a outra se refere à percepção da intenção do autor presente no texto. E mais: é a capacidade que o leitor/receptor desenvolve de perceber as relações de alteridade que o texto oferece, configurando a leitura, e a leitura dos chamados textos literários, portanto, como algo fundamental para o exercício da cidadania.

Um exemplo disso seria um romance ou história que narra fatos não necessariamente comprometidos com o mundo real. Podemos ter uma ideia dessa questão ao ler obras que fazem referência a um espaço imaginário, como o continente de Westeros em **A Guerra dos Tronos** ou a Macondo de **Cem anos de Solidão**, ou nas obras que criam personagens tão curiosas como o Macunaíma de Mário de Andrade ou o Quasímodo de Victor Hugo – conhecido como "O Corcunda de Notre-Dame". Isso se dá em textos literários nos quais seu narrador ou personagens falam do que a vida é, do que a vida não é, do que a vida poderia ser, ou ainda, do que poderia ter sido se tivesse acontecido... Quer dizer; é o leitor/receptor que faz um pacto com o narrador e entra no jogo narrativo vivendo-o como seu, como acontece quando um jovem se imagina tocando guitarra como os grandes astros do rock.

A título de exemplo: seja a personagem Diadorim, do **Grande Sertão: Veredas**, de Guimarães Rosa: sobre essa personagem o narrador Riobaldo não nos conta tudo; ou, ao menos, não nos conta tudo de uma vez, de cara. Contudo, no transcurso da narrativa, nos dá pistas sobre as características físicas e o mistério que envolve a sua pessoa e personalidade, enquanto "preenchemos as lacunas caracterizantes da personagem" de acordo com o que sabemos. Dessa forma, um mesmo personagem é diferente para cada leitor de acordo com a visão de mundo e a experiência que tem. A mesma coisa acontece em relação aos incidentes que servem de andaime para a construção da narrativa, que se estabelece de acordo com seu modo de ver o mundo e assumir ou desejar coisas para o destino da personagem.

< **Avatar:** representação gráfica associada a um usuário para identificação em videogames, fóruns etc. Pode ser identificado com a ideia de personagem, agregando-se peculiaridades na sua construção>
Licença CC0. Fonte: https://publicdomainvectors.org/pt/vetorial-gratis/ Ilustra%C3%A7%C3%A3o-de-Avatar-masculino/59912.html Acesso em 07 jul. 2022.

Com efeito, e como veremos mais adiante quando falarmos de interpretação, a leitura baseia-se naquilo que o texto oferece, bem como na leitura que se faz do mundo e das coisas. Um romance ou conto – incluindo os contos de fadas – guarda certo código literário e certo código social que o leitor compreende de acordo com o que lê, mas também de acordo com sua própria perspectiva.

> ### SAIBA MAIS
>
> A consolidação da literatura infantil e das versões escritas e canonizadas dos contos de fadas do século XVIII, com o surgimento do pensamento iluminista, serviria de contribuição para a formação moral das crianças dentro dos padrões burgueses.

O código literário diz respeito à estrutura da obra, sua linguagem; e o código social se refere ao corpo de ideias e valores que aparecem no texto, aos modos de ação e características das personagens. De qualquer forma, o leitor pode dialogar, enfrentar o texto e as situações que ele propõe, saindo da aventura da leitura com seu mundo mais amplo e a possibilidade de articular novas ideias que a percepção e a emoção do texto permitem.

Como você pode perceber, um processo de construção significativa da leitura ou domínio da cultura letrada é uma tarefa complexa determinada pela capacidade de articular pensamento, emoções e conhecimento apropriado por meio da linguagem. E uma capacidade de leitura do texto literário exige ainda mais: deve-se levar em conta a própria literatura, sua compreensão como uma categoria específica que, portanto, demanda formas específicas de leitura.

3.2   INTERPRETAÇÃO

Muitos alunos saem do EM afirmando que não gostam de poesia, que não gostam de literatura. Essa situação é muito negativa, principalmente se pensarmos que a função primordial da escola é a formação de leitores competentes para a leitura dos mais diferentes tipos de texto. Trata-se, afinal, de um paradoxo: de um lado, o progresso das páginas da *web* e a multiplicidade de leituras que elas oferecem e exigem do público e, de outro, a incapacidade da maioria das pessoas de acessar uma leitura crítica dos mesmos textos.

E então, que textos literários devem ser trabalhados na escola? Com que finalidade e como funcionam? Que operações interpretativas aprendem e desenvolvem nos alunos? Sabemos que os textos informativos tendem a dominar uma circunstância social de pressa e falta de tempo para acessar milhares de dados que se multiplicam em alta velocidade, seja nos contextos escolares e acadêmicos, seja em contextos midiáticos. As motivações para a leitura literária precisariam ir além desses contextos apressados em que o século XXI parece viver; com isso, a leitura literária seria percebida em um nível mais amplo que o da escola, relacionando-a à cidadania crítica, tornando a leitura, de fato, uma leitura interpretativa voltada para a cultura letrada.

E tudo isso porque a leitura de literatura tem uma importância social muito maior. Enquanto os textos não literários nos falam de questões individuais e específicas, a literatura em sua fruição e interpretação estética aponta para a totalidade, para a universalidade, pois a representação de algumas circunstâncias únicas atinge um significado humano mais profundo, amplo e universal.

Vejamos a seguinte situação: Suponha que um documento histórico se refira à descoberta do petróleo no nordeste brasileiro no início do século XX; ou ao desenvolvimento do movimento das "Diretas Já", em uma São Paulo ainda sufocada sob a ditadura militar; ou à aparição de Nossa Senhora Aparecida no Vale do Paraíba, em São Paulo, no século XVIII: suas causas e consequências, o que aconteceu naquelas ocasiões históricas em cada um dos três locais...

Essas são questões históricas que se referem aos brasileiros, mas podem não interessar aos croatas, por exemplo. Mas, se o sujeito se propõe a ler sobre a descoberta e início da extração de petróleo na paradisíaca Alagoas de **Riacho Doce**, de José Lins do Rêgo (posteriormente transformada em série de sucesso, na TV) ou outra ficção ou poesia que trate de alguns desses temas anteriormente citados, apontando para a vida e emoções dos personagens que viveram essas histórias; sim, pode esse texto ser lido e apreciado por qualquer pessoa; aqui, na Croácia ou em qualquer outro lugar. É esse tipo de texto que consegue aproximar todos os homens. Isso é literatura. A literatura e sua incontornável possibilidade de criar mundos e interpretações.

> **REFLEXÃO**
>
> Investigue textos literários que tenham como tema as "Diretas já" em São Paulo e aparição de Nossa Senhora Aparecida no Vale do Paraíba, em São Paulo, no século XVIII. Reflita de que modo tais eventos históricos, no campo da ficção, trarão novo encanto para o assunto.

Dessa forma, o que você precisa perceber é a necessidade e urgência que a escola tem de levar os alunos à percepção dessa capacidade do texto literário de se estabelecer, de construir uma coerência interna a partir de seus elementos constitutivos, tornando-se autossuficiente, plenamente estruturada. Assim, o leitor aceita obras que não estejam diretamente relacionadas ao contexto da vida cotidiana, como os contos de fadas. Para fazer justiça, o texto literário é, ao mesmo tempo, mais aberto (ao novo ou a outros mundos) e mais fechado sobre si mesmo, o que exige do leitor uma leitura diferente daquela que se exerce diante dos textos jornalísticos ou outros tipos de texto não literário.

A leitura interpretativa pede, então, algum tipo de especulação. O leitor precisa de uma hipótese de leitura, de um modo de compreender os símbolos, de um modo de olhar para as circunstâncias dos personagens nas narrativas ou nos textos líricos para atribuir sentido ao que lê. Para isso, mobiliza sua sensibilidade, seus saberes, sua cultura e sua experiência de vida. Interpretar é construir um olhar, é traçar um ponto de vista a partir do que a obra propõe a cada leitor.

Mas, como apreciar e compreender muitos dos personagens do romancista brasileiro contemporâneo Itamar Vieira Junior em **Torto Arado**, sem conhecer o senhor de engenho Leôncio, de **A Escrava Isaura** de Bernardo Guimarães ou sem ter lido **O Menino do Engenho** de José Lins do Rêgo? Como ler de modo crítico e consciente a poesia de Cecília Meireles sem levar em conta os arquétipos do feminino ou, por outro lado, sem conhecer elementos da cultura lusitana? Desse ponto de vista, proporcionar uma educação literária é ensinar a interpretar, garantindo o que poderíamos chamar de "direitos do texto" de ser entendido em suas peculiaridades e em seu lugar.

Já dissemos em outro momento: a leitura literária e sua interpretação não são atos arbitrários. Ao contrário, a realidade é que todo texto literário atua sobre uma camada intertextual, sobre outro texto previamente escrito, sobre outros eventos não textuais que já ocorreram ou já foram imaginados. Cada interpretação é única e existem diferentes interpretações para um mesmo texto, porém, cada uma delas deve estar encerrada nos intramuros estabelecidos pelo próprio texto e pelo campo de conhecimento de mundo que o leitor possui – e este último é o que se impõe ao professor cultivar, além de dar a conhecer os elementos do universo da literatura.

Como vivemos em tempos em que doutrinas e conhecimentos totalizantes e imutáveis perderam sua eficácia e força, as atividades educativas precisam oferecer diretrizes de interpretação que permitam aos alunos tirar suas próprias conclusões. Mas, se todas as interpretações não são equivalentes, parece necessário poder falar e discutir todas elas. Daí a importância dos momentos de debates e conversas, de avalanche de ideias e interpretações. Compete aos docentes apresentar os trabalhos, estabelecer as ligações entre os diferentes textos e autores; além de cultivar os caminhos interpretativos de seus alunos, mas, nos momentos oportunos, é da responsabilidade docente apoiar a emergência de representações por meio do confronto de ideias, do questionamento, apontando justamente para o surgimento de erros, ambiguidades e dificuldades de compreensão e interpretação dos textos.

Do mesmo modo, parece recomendável recorrer a certo leque de procedimentos e técnicas que favorecem a expressão (momentos cênicos, leituras dramatizadas, paródias...). Desse ponto de vista, pode-se dizer que o professor criaria uma apresentação em rede desses textos; os alunos poderiam estabelecer como foco um personagem, o *leitmotiv*, um texto-fonte ou seus derivados (adaptações, paródias, transposições...), ou uma determinada técnica de escrita, por exemplo.

Com isso, se permitiria a liberdade de elaboração interpretativa, dando oportunidade para a criação dos instrumentos necessários para possibilitar aos jovens a apropriação e compreensão por meio da literatura de sentidos para a vida, para si e para o outro, tão necessários no mundo contemporâneo.

CAPÍTULO 4
O CÂNONE

Para iniciar este capítulo que irá tratar do conceito e usos do cânone, convém lembrar que em suas origens o cânone era entendido como um termo vinculado ao mundo bíblico. O cânone designou, historicamente e desde a Idade Média, certo suporte de verdades, constituindo inicialmente o complexo de textos globalmente entendidos como verdadeiros, uma vez que tinham seu autor em Deus e, nas várias comunidades e na tradição teológica, a respectiva confirmação.

Mas, etimologicamente, a palavra cânone vem do grego κανών e do latim *canon* cujo significado original equivale a "regra" ou "modelo" e serviu aos homens de letras alexandrinos como forma de definir tudo o que a tradição autoriza como exemplar e válido por seus traços verbais artísticos próprios e universais ao mesmo tempo. Neste sentido, tais textos apresentariam características que os legitimariam, fazendo-os transcender os limites do tempo e do espaço, por meio da função poética que é imanente à linguagem.

4.1   CONCEITO

Ao longo do tempo, e no que diz respeito ao universo da literatura, a palavra adquiriu o significado específico de um conjunto de textos autorizados, com certas características formais, estilísticas e temáticas, sancionados como literários por meio de processos socioculturais realizados em marcos institucionais, épocas e momentos históricos específicos. Mas, como reconhecemos uma obra literária e como ela se integra ao cânone? Como são feitas as listas de autores e obras?

Observe que a uma obra literária se atribui o valor ou qualidade de monumento e não de documento. E o cânone é um sistema cultural, um processo que não se fecha em si mesmo; ao contrário, ele muda e se transforma a partir das transformações históricas, sociais e estéticas, que se alteram conforme a percepção que o momento presente tem sobre aqueles momentos que ficaram no passado. Passado que pode ser remoto ou recente, mas que sempre evoca a noção de perenidade ou a conhecida ideia de "clássico". Na verdade, o clássico confunde-se com aquela ideia que temos de modelar, de exemplar, pois se baseia no que se considera valor meritório e, portanto, passível de *imitatio* em seu sentido retórico.

> **LEMBRE-SE...**
>
> que o conceito de *imitatio* tem dois significados que se caracterizam por:
>
> 1. Em chave retórica: imitação de modelos greco-romanos.
>
> 2. Em chave poética: expressão estética da realidade que alude ao conceito aristotélico de *mimesis* ou verossimilhança.

Vale dizer: sendo o clássico aquilo que permanece, aquilo que se tornou referência, voltar a ele é garantir sua própria permanência; é, afinal, entrar no processo civilizatório do qual o próprio clássico faz parte. Assim é que o cânone, por meio desse respaldo meritório e a cada época, escolhe ou elege sua lista de autores com base na ideia da permanência das obras e modelos. Daí que a Europa renascentista tenha buscado seus modelos na Antiguidade Clássica, como forma de perenizar os traços modelares da cultura europeia.

Dissemos anteriormente que o conhecido cânone que permitiu a escolarização da literatura dos séculos XIX e XX nos países ocidentais foi composto levando em conta o fato da consolidação das nacionalidades europeias e/ou americanas. Tratava-se de perenizar os traços das culturas nacionais a fim de que cada nação pudesse forjar a sua identidade. Nesse sentido, a história da literatura teve que organizar cronologicamente autores, obras e estilos, criando as devidas ligações entre literatura e história e, por outro lado, criando as condições necessárias para a ruptura dos ensinamentos da literatura e da retórica.

Mesmo assim, a literatura não é um mero veículo de ideias ou panfletos políticos, e suas formas de classificação não se limitam a critérios historiográficos ou ideológicos. Ao contrário, espera-se que a literatura seja um elemento integrante do mosaico da cultura e, pela estética ou pela ética, apresente consistência, seja na forma ou no conteúdo. Talvez seja possível compreender essa forma de ver as coisas se levarmos em conta o que Marisa Lajolo (1993) nos ensina ao dizer que existem critérios "intraliterários" que permitem apreciar e identificar textos; e que estes, são fruto de um diálogo entre a história da literatura e a teoria da literatura.

Mas, já afirmamos que o cânone não é algo fixo, mas sim dinâmico. Assim, e pensando no momento contemporâneo, pode-se dizer que do ponto de vista pedagógico a noção de cânone encontra sua materialização em materiais didáticos, em manuais ou antologias; ou seja, seleções de textos reconhecidos socialmente – ou por comunidades vinculadas ao universo escolar – como literários, exemplares.

4.2   POR UMA FLEXIBILIZAÇÃO DO CONCEITO

Creio que chegou a hora de considerar se o cânone como conceito pode ser unívoco ou se pode ser considerado diversificado em sua constituição. Tomemos o pensamento de Lotman (1984) como base teórica para isso: O teórico afirma que no domínio da cultura não há possibilidade da noção de centro existir sem que haja, concomitantemente, a noção de periferia. Assim, só se entende como canônico a um autor como Dias Gomes, no contexto da dramaturgia brasileira do século XX, *se e quando* contraposto a outra figura, como o dramaturgo paulista Plinio Marcos, por exemplo. Observe que hoje consideramos a Plinio Marcos como um autor canônico da dramaturgia nacional. No entanto, nos idos dos anos 1960, quando iniciou sua carreira, sua obra era tida como marginal, enquanto que a obra de Dias Gomes já se encontrava consagrada como pertencente ao cânone nacional.

Com isso quero dizer que o cânone é um conceito e não uma lista de autores e obras. Portanto, seria melhor falar de canonização em vez de canônico. A ideia de cânone ou canônico refere-se a um sistema ou conceito, enquanto o repertório literário legitimado em determinada circunstância histórica, tempo e espaço é o que se canoniza.

Tanto que hoje podemos falar de diferentes formas de canonização literária, como: literatura infantil, *best-sellers*, literatura traduzida, tradições orais, entre outras. O pluralismo é saudável para a própria noção de cânone como conceito. E por isso, para o mundo de hoje, conhecer a história literária de ontem e de hoje parece ser um imperativo. Toda escolha é feita na história, em um determinado tempo e espaço e o ponto de vista dessa escolha integra o mesmo objeto selecionado.

<Ponte da Lapa com casa de Cora Coralina em destaque>
GOMES DE SOUZA, A. Goiás, GO: conjunto animado e urbanístico. CCBYSA 4.0. Disponível em: https://commons.wikimedia.org/wiki/File:Ponte_da_Lapa_com_casa_de_Cora_Coralina_em_destaque.jpg

Daí, por exemplo, o esquecimento empoeirado das estantes às quais se destinou a obra de Cora Coralina ou Carolina de Jesus, durante décadas. Somente em tempos mais recentes retomou-se a leitura da obra dessas grandes autoras brasileiras.

4.3   FUNÇÕES

Se bem observarmos, o cânone sempre tem muita força e algo explica essa força: as suas funções. É verdade que o cânone sempre acumulou uma dupla função e talvez isso se deva ao fato de ter se desenvolvido historicamente e em diferentes países:

a. A primeira função seria a de estabelecer modelos formais e estéticos com o objetivo de preservar a qualidade da produção literária em determinado tempo ou espaço;

b. E a segunda função, política e ideológica, seria a de manter certo padrão de cultura e formas de pensar de uma determinada sociedade.

Assim, o cânone estabelece, com base no tempo e no espaço, a noção de clássico, os critérios para estabelecer certa tradição literária, o papel da literatura na sociedade, seu ensino e, claro, sua forma de integrar ideologia e estética. Nesse sentido, o cânone ocidental nunca foi uma entidade intocável, mas sim o *corpus* ao qual sempre foram acrescentadas novas obras e retiradas outras.

Levando em conta a questão das diferentes funções do cânone, observe que o cânone ocidental é rejeitado por alguns e aprovado por outros. Seu uso como valor cultural é muitas vezes questionado ao partir da premissa de que o projeto canônico se baseia na dominação cultural, em discursos de poder cuja finalidade seria sempre ideológica e política; isso para não dizer, eurocêntrico. Sem dúvida, a literatura não é algo espontâneo, mas uma construção histórica, portanto, sujeita às ideologias e manifestações da época. No entanto, a mesma ideia de desconstrução do cânone; isto é, sua negação é, por sua vez, ideológica. Leila Perrone-Moisés nos ensina que assumir a exclusividade do ideológico para a constituição do cânone é economizar no uso e, portanto, no papel das obras na sociedade (Perrone-Moisés, 1998, p. 197). O que acontece é que, com o passar do tempo, o cânone passou a ser entendido de outra forma, de acordo com as novas demandas da sociedade capitalista contemporânea e suas preocupações foram ficando distantes do universo da estética.

Quando a revisão "ética" do cânone oficial surgiu na década de 1980, uma confusão epistemológica surgiu entre os filólogos em todos os lugares. Não foram apenas os críticos marxistas e o debate americano que se opuseram ao chamado cânone eurocêntrico, priorizando a questão do politicamente correto; também surgiram conflitos no campo da própria teoria literária. A hegemonia dos novos cânones multiculturalistas entra em cena com a consequente negação dos cânones estéticos. Textos de cultura puramente documentais tornaram-se textos literários, desconsiderando os critérios de qualidade estética e construção de sentido para a constituição do *corpus* canônico.

É verdade que vivemos um momento de crise de valores, o que mostra um cenário de crise para a teoria, de desarranjo do estabelecido. A retórica da crise destaca a questão das identidades e diferenças, assim como do tempo e do espaço. Os excluídos são exibidos, exibindo de cabeça para baixo o sistema que os exclui. Nesse sentido, a arte, antes vista como representação da realidade, muda de lugar e *status*, compartilhando com outras produções culturais o lugar da singularidade, o que banaliza igualmente todos os discursos.

DICA DE LEITURA

Para saber mais acerca do cânone que se construiu em torno da literatura ocidental, procure ler a obra de Harold Bloom, **O Cânone Ocidental**. Obra de caráter controverso é de leitura obrigatória para que um professor de literatura possa formular seu pensamento acerca do tema.

Fonte: https://www.amazon.com.br/c%-C3%A2none-ocidental-Harold-Bloom/dp/8539000105 Acesso em 07 jul. 2022.

Do nosso ponto de vista, o que se chama espaço, tempo e história na literatura parece ser uma constante reconfiguração das funções do cânone; isto é, dos canonizados e dos marginalizados.

Ambos coexistem em um jogo de intersecções de discursos e significados.

4.4   OS USOS DO CÂNONE

Quase sempre controversa, a canonização é uma seleção valorizada de obras e autores, que pressupõe a exclusão de muitos outros; e cada período tenta redefinir essa seleção a partir de uma tradição que melhor localiza o horizonte de perspectivas de quem, em um dado presente, o escolhe. Atualmente, esses processos de seleção e/ou exclusão resultam no reconhecimento de uma literatura canônica e tradicional utilizada preferencialmente no Ensino Médio e nos veículos midiáticos da indústria cultural.

No entanto, a escolarização do cânone muitas vezes isolou o ponto de vista estético para retornar a questões meramente pedagógicas, o que produziu uma escolarização distorcida dos clássicos e da escolha de quais obras seriam utilizadas.

É verdade que estamos enfrentando alguns problemas. Por muito tempo a leitura de textos tradicionalmente conhecidos como canônicos foi separada da escola por dois motivos; por um lado, pela formação de professores nas últimas décadas do século XX com base nos pressupostos dos Estudos Culturais, como a ideia de apagar os cânones estéticos; e, por outro, as publicações marginais e as publicações vinculadas à cultura de massa são estudadas ao lado de outras consideradas clássicas, gerando um conflito quanto ao valor meritório que antes era dado como certo.

Então o professor não sabe o que ensinar ou como ensinar. Além disso, a aceleração e diversificação de tecnologias e meios econômicos de publicação de textos provocaram uma nova situação: o aumento do número de livros e leitores tornou quase impossível o acesso a todos os autores e textos. Isso aumentou a dificuldade de selecionar o que deve ser lido e ensinado. Portanto, questionar o cânone hoje é menos importante do que considerar o que ele e seus usos podem significar em termos educacionais.

O avanço desenfreado das inovações tecnológicas e midiáticas mudou as formas de leitura. Aquela literatura que exige tempo do leitor, que exige paciência e certa dedicação, ficou à margem do cotidiano e da sociedade contemporânea. A democratização do ensino e mesmo a democratização dos gêneros com uma possível abertura dos cânones não conseguiram remover a distância entre o leitor e o texto literário. E mais, muito da ideia do tradicional e antigo canonizado ainda é válida, o que muitas vezes obriga o aluno a ler uma linguagem e temas antigos e obsoletos; ou, o que é pior, leva o aluno à leitura de resumos e adaptações que nada têm a ver com o desenvolvimento estético e com uma linguagem significativa que a própria literatura revela.

A competência leitora para a literatura continua sendo uma apropriação pessoal que vai além da escola, enquanto os cânones tradicionais, ao que parece, ficaram muito aquém do gosto dos estudantes contemporâneos mais interessados nos produtos da cultura de massa. Nesse contexto, parece que o papel do professor é absolutamente fundamental, na medida em que ele é o mediador entre o aluno e o texto literário. Por isso, o professor precisa de um profundo conhecimento da língua e da literatura. Agora, como desenvolver o senso crítico necessário para poder selecionar os textos adequados e reconhecer as formas eficientes de questionar o texto?

É fundamental que quem aspira ao ensino de línguas e literatura procure planejar da melhor forma possível sua formação na área de Letras; tentando superar as eventuais falhas em seu processo regular de formação, que a universalização da educação na contemporaneidade trouxe inevitavelmente, para atender principalmente a uma demanda de formação para o trabalho ao invés de oferecer uma educação geral e formativa para o humano. Os gregos já falavam do aspecto humanizador da arte e da literatura. O crítico brasileiro Antonio Candido disse a mesma coisa, como vimos anteriormente. No entanto, parece que não os ouvimos.

4.5   CÂNONES

Embora pareça bobo dizer aqui aos futuros professores que passem seu tempo lendo obras diferentes, localizadas nos diferentes cânones, na verdade, não é. Quais obras devem fazer parte do cânone? O que devemos valorizar? Como responder ao dia a dia em sala de aula sem ter lido os textos? Então, a primeira coisa que devemos fazer é cultivar em nós mesmos a leitura dos autores tradicionais, e também dos marginais. Dos antigos como dos novos. Do cânone ocidental, bem como daqueles propostos pelos grupos identitários. A leitura é, nessa perspectiva, um processo extremamente importante para que o mesmo professor possa, por si mesmo, fundar uma história literária com sentido humanizador; de si mesmo e do outro. O desenvolvimento de um amplo repertório literário e cultural é, necessariamente, a sua tarefa primeira!

Embora questionado e controverso, o cânone tem seu valor de uso, e por que não dizer, de uso no campo da educação. Precisamente, a noção de cânone como conceito e, portanto, o uso das diferentes listas de autores e obras canonizadas é de extraordinário valor na formação de professores. E não apenas de quem se dedicará à tarefa de ser professor de literatura; o próprio professor de línguas pode e deve usar a literatura para ampliar e aprofundar seu conhecimento linguístico, a amplitude de variantes, discursos e vozes que a literatura oferece.

E isso porque um dos principais problemas do ensino de literatura é trabalhar com os textos e com a própria noção de literatura e cânone. Assim, a discussão sobre o lugar que o cânone ocidental ocupa ou não na formação dos leitores está longe de se esgotar. Podemos até dizer que os mesmos PCN's e a BNCC que organizam os caminhos da educação básica brasileira não mantêm uma aposta definitiva no cânone ou se devemos promover um ensino da história da literatura ou se é o caso de enfatizar a educação literária baseada na leitura de textos literários; sobretudo os contemporâneos.

> **DICA DE LEITURA**
>
> Nunca deixe de lado a leitura dos documentos oficiais educacionais brasileiros. Eles servirão de baliza para o seu trabalho docente. Para conhecer melhor o PCN para o EM.
>
> Acesse: http://portal.mec.gov.br/programa-saude-da-escola/195-secretarias-112877938/seb-educacao-basica-2007048997/12598-publicacoes-sp-265002211 acesso em 29 mai. 2022.

O que propomos aqui, então, é uma hipótese de terceira via: considerar a história literária não implica abortar o processo de aprender a ler, de manter contato com o texto. Muito pelo contrário: a história da literatura e os elementos-chave que a teoria da literatura oferece servem para auxiliar o professor a estimular os alunos a ler inferências, mobilizando seus conhecimentos, criando autonomia leitora.

Um aluno com capacidade interpretativa pressupõe um professor que tenha sido capaz de mostrar a ele os modos de ler e perceber a literatura como fenômeno artístico. O professor, neste caso, deve ser capaz de demonstrar as possibilidades de diálogo com o texto literário; além do significado proposto pelo dicionário, as diferentes formas de uso das palavras; a linguagem conotativa presente na literatura; a estilística; estruturas retórico-discursivas; formas estéticas e poéticas em seu contexto espaço-temporal; os diferentes gêneros e suas especificidades. E mais: você, futuro professor, deve ter em mente que ninguém inicia seu contato com a literatura lendo Machado de Assis ou os dificílimos contos filosóficos de Guimarães Rosa. Para que tudo isso seja contemplado, como já considerado, você precisa ter, sobretudo, um repertório, ou uma caixa de ferramentas, de hábitos, habilidades e padrões por meio dos quais possa construir suas estratégias de ação. E isso só será alcançado através do contato próximo e constante com a própria literatura – e aqui vale a literatura de toda e qualquer cepa; até mesmo os famigerados *best-sellers*, tão mal vistos pelas instâncias de canonização.

CAPÍTULO 5
A LITERATURA COMO INSTRUMENTO PARA O CONHECIMENTO LINGUÍSTICO

Nos primeiros capítulos nos dedicamos exclusivamente à reflexão sobre a literatura e seu ensino. Aqui vamos nos dedicar a refletir sobre o ensino da língua e as relações que podem ser estabelecidas entre literatura e língua para um melhor ensino e aprendizagem desta última, mas sempre levando em consideração a primeira.

5.1 TENDÊNCIAS PEDAGÓGICAS CONTEMPORÂNEAS

Sabemos que o ensino da língua portuguesa em nosso país sofre com diversos problemas, como a falta de infraestrutura adequada, o grande número de alunos em sala de aula; o pouco interesse pelo desenvolvimento de modelos pedagógicos adequados; a má formação dos professores; a falta de uma cultura leitora nos lares do país; entre tantas outras questões que afetam a qualidade da aprendizagem.

Tradicionalmente, o texto literário era utilizado no ensino da língua portuguesa como "exemplo de linguagem". O uso literário da língua era considerado o mais prestigioso, guarnecido pelo argumento de autoridade dos grandes autores. Pensava-se que esses eram os usos que os alunos deveriam aprender e assimilar nas aulas de línguas, a fim de dominar a norma-padrão.

Hoje, a tendência é bem diferente. Vivemos um momento em que a presença de materiais literários na aula é entendida como algo muito positivo. E é que a literatura é uma manifestação tão válida e legítima da língua quanto qualquer outra. Não deve ser reconhecida como um caso excepcional. A literatura é um campo tão extenso e plural que reúne todo tipo de amostras dos usos da língua, desde os mais herméticos (o idioma de Guimarães Rosa, poderia servir de exemplo) ou peculiares, como toda a prosa do moçambicano Mia Couto, até os mais cotidianos, o típico do discurso de rua, como é o caso da prosa de Ferréz em **Capão Pecado** ou Paulo Lins em **Cidade de Deus**.

É nesse sentido que as diretrizes curriculares nacionais e a BNCC para o EM enfatizam a importância de uma nova abordagem, que leve em conta não apenas os conteúdos de gramática, mas também a exploração das variantes linguísticas, além de outros aspectos importantes como a cultura e a sociedade a que pertence o objeto de estudo, formando alunos mais humanizados, com capacidade crítica para a construção de significados e para a formação da cidadania.

> ### DICA DE LEITURA
>
> A esse respeito, procure ler atentamente o texto da BNCC. Leia-o com calma, faça pausas para reflexão, entenda o conceito de cidadania que norteia o documento. Observe suas peculiaridades e as diferenças entre EI, EF e EM.
>
> Para isso, acesse: http://basenacionalcomum.mec.gov.br/ acesso em 09 jul. 2022.

A pesquisa sobre ensino e aprendizagem da língua materna pertence ao campo da Linguística Aplicada, opondo-se, em certo sentido, aos estudos literários. Aqui respondemos a essa oposição, uma vez que a linguagem se configura como base comum de ambos os estudos. A educação literária é educação linguística ao mesmo tempo, conduzindo o aluno de um conhecimento pontual e limitado para um conhecimento ampliado, integrado a outras disciplinas e modelos de pensamento.

Isso decorre do fato de que o fenômeno da globalização econômica e mundialização da cultura, para fazer eco do pensamento de Ortiz (1994), exige que as escolas enfrentem desafios cada vez maiores. Nesse sentido, o ensino da língua portuguesa e de sua competência leitora enfrenta mudanças diversificadas e precisa fugir do modelo estruturalista tradicional para levar uma leitura de qualidade aos seus alunos. Assim, o professor que esteja vinculado a uma proposta pedagógica significativa e transformadora, que reconheça o compromisso com a formação leitora dos alunos, deverá buscar em diversos materiais literários e de variada origem, recursos que favoreçam o processo de ensino e aprendizagem, que estejam igualmente associados aos elementos de diversão e prazer. Nesse sentido, o livro didático perde sua exclusividade abrindo espaço para livros literários; ou seja, a livros que possibilitem a fruição estética, acelerando o aprendizado do aluno, tornando a tarefa de aprender mais leve e prazerosa.

> **SAIBA MAIS**
>
> **Mundialização e cultura** é uma importante obra do sociólogo brasileiro Renato Ortiz. Embora sua publicação date do já longínquo 1994, sua proposta de leitura do contemporâneo propõe a existência de processos em escala global. Ortiz pensa numa sociedade mundializada e interconectada. Uma sociedade-mundo que penetra o cotidiano dos indivíduos e os elementos pertencentes à cultura e à sociedade de consumo se revelam como partícipes do processo de organização da sociedade e na conformação de noções legítimas de comportamentos e valores, já que são expressões da contemporaneidade.

5.2   LITERATURA EM LÍNGUA PORTUGUESA: PLURALIDADES

Você já deve conhecer a afirmação do escritor português José Saramago de que não há uma língua portuguesa, senão várias. E é fato que, se tal afirmação aponta para as várias faces da lusofonia a língua portuguesa corresponde, por outro lado, a um modo de pensar e de olhar o mundo.

Nascida do latim vulgar, trazido à Península Ibérica pelos romanos, no século III a.C. a língua lusitana ancora no Brasil com a chegada das naus comandadas por Pedro Alvares Cabral, nos idos dos 1500. De seu contato com as línguas faladas pelos povos nativos, surge um português diverso, dinâmico e híbrido. A ele se juntaram as influências várias de origem africana, recebidas durante o período em que perdurou o tráfico de escravizados, ao que se somaram, ainda, as muitas línguas estrangeiras imigrantes que por aqui aportaram no transcurso dos séculos XIX, XX e, porque não dizer, as novíssimas línguas que vem chegando, neste primeiro quarto de século XXI, fruto do movimento migratório atual. Assim como há muitos Brasis, há muitas línguas portuguesas faladas por brasileiros; todas igualmente legítimas.

<A data de 5 de maio foi eleita pela Comunidade dos países de língua portuguesa (CPLP) celebrar a língua portuguesa e as culturas lusófonas>
Fonte: https://pt.unesco.org/commemorations/portuguese-language-day Acesso em 07 jul. 2022.

Mas há, ainda, as muitas línguas portuguesas faladas na África. Angola, voltada para o Atlântico e sob o domínio colonial português até quase o fim do século XX, sofre, talvez, a maior ou mais presente influência dos modos lusitanos de usar a língua. Moçambique, voltado para o Indico, encheu-se de orientalismos indianos que vão dos nomes das especiarias gastronômicas ao rico português falado em Maputo. Cabo Verde, Guiné-Bissau, São Tomé e Príncipe e, ainda, territórios asiáticos como o Timor-Leste trazem inúmeros coloridos ao idioma e às suas manifestações literárias que, se bem observamos, já manifestava sua variedade nas diferentes formas de falar e escrever dos portugueses de Coimbra ou do Algarve dos tempos coloniais.

> ### DICA DE VÍDEO
>
> Cesária Évora foi uma cantora de Cabo Verde conhecida como "a rainha da morna". Ela também era conhecida como "a diva dos pés descalços", devido ao seu hábito de aparecer descalça no palco, em solidariedade às mulheres e crianças sem-teto e pobres de seu país. Acesse o vídeo em que a cabo-verdiana canta junto a Salif Keita, cantor nascido em Mali, também na África.
>
> https://www.youtube.com/watch?v=iPTDpQ66rwc Acesso em 08 jul. 2022.

Neste sentido, é importante que os estudantes brasileiros conheçam e se apropriem das diferentes faces da língua portuguesa falada no mundo. E a literatura é, por excelência, o melhor meio de fazê-lo. Seu apelo estético, sua potência cultural intrínseca, sua versatilidade linguística são elementos ideais para trazer ao leitor a diversidade que a língua, naquilo que ela tem de unidade, manifesta.

A Lei 10.639/03, cujo texto altera o texto original da LDB, de 1996, torna obrigatório o ensino das literaturas e culturas africanas nas escolas de EM brasileiras. Com isso amplia-se o espectro de possibilidades de conhecimento das múltiplas formas de manifestação da língua, por meio do texto literário. Lembremo-nos de que a leitura literária, em particular aquela que se articula em sala de aula, é uma atividade interacional, na qual o leitor dialoga com o texto, estabelecendo sentidos diversos para as vozes ali presentes. Desse modo, uma prática leitora que considere toda a variedade presente na língua portuguesa deve ser a bússola do professor de literatura ao pensar na estruturação do "seu" cânone, da sua lista privilegiada, a ser trabalhada em sala de aula.

5.3   ORALIDADES

A oralidade é uma prática social por meio da qual o indivíduo age sobre o ouvinte, estabelecendo vínculos e realizando os atos de fala. Parte integrante de nosso cotidiano, a oralidade esteve, durante um largo tempo, desatendida dos estudos de língua materna e estrangeira. Em tempos mais recentes, a oralidade passou a fazer parte das discussões em torno às questões relacionadas ao ensino e aprendizagem de língua materna, de língua estrangeira e às questões em torno da alfabetização e letramento dos indivíduos.

No Brasil, os PCNs, por exemplo, recomendam o ensino da língua oral e sugerem uma abordagem através de diversos gêneros orais que contribuam para a sua valorização e resgate das origens dos falares que o indivíduo adquire, antes mesmo de entrar na escola. Direção semelhante adota a BNCC ao tratar do assunto, oferecendo direcionamentos possíveis para o trabalho com a oralidade em sala de aula, segundo os diferentes enfoques ali tratados; a saber:

a. Vida cotidiana
b. Artes e literatura
c. Práticas de estudo e pesquisa
d. Vida pública

No que diz respeito às literaturas de língua portuguesa, é certo que a literatura oral tem estado presente desde o próprio surgimento da língua; afinal, as conhecidas cantigas de amor e de amigo medievais, bem como outras formas de cantar, em seu momento de aparição, faziam parte das manifestações orais, prioritariamente. Só posteriormente é que foram recolhidas em textos escritos.

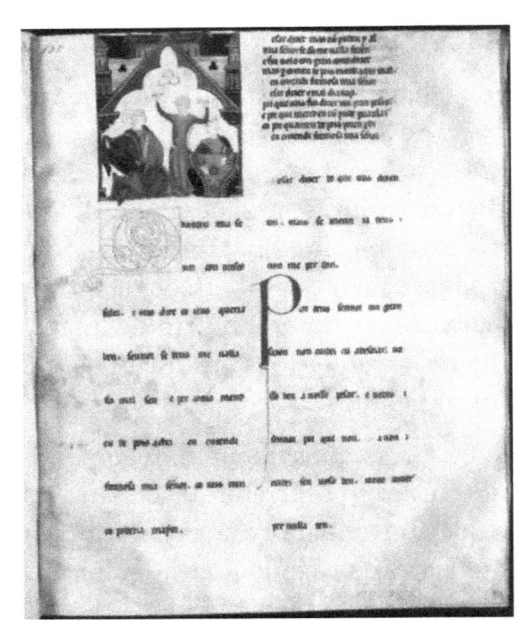

<Cancioneiro D'ajuda>
Fonte: https://www.wikiwand.com/gl/Cancioneiro_da_Ajuda Acesso em 07 jul. 2022.

Mas é bem certo que o Trovadorismo, como tal, pouco inspira o estudante contemporâneo. Afinal, a Idade Média constitui-se ambiente muito distante no tempo e espaço. No entanto, é do Trovadorismo português que decorrem muitas das manifestações literárias brasileiras contemporâneas. O Cordel é uma delas. Contudo, um melhor aproveitamento dos estudos trovadorescos em sala de aula hoje é pensá-lo em cotejo com a música popular brasileira. Talvez nada seja tão próximo do canto trovadoresco ao som do alaúde quanto a nossa tão cara MPB. Uma canção de amor poderia, perfeitamente, ser lida tal qual lemos as canções sertanejas de amor (sim, exatamente aquelas que falam da popular "sofrência").

A literatura oferece, assim, e desde os seus inícios, uma enorme gama de produções orais que podem ser trabalhadas em sala de aula. O embasamento teórico para isso fundamenta-se na Linguística Textual e nas teorias de ensino e aprendizagem dos gêneros textuais. No entanto, para um melhor aproveitamento do desenvolvimento da oralidade em sala de aula, talvez seja de maior valia um trabalho mais voltado para as manifestações contemporâneas, como, por exemplo, as manifestações do *Hip Hop*, o *slam poetry*, e outras formas literárias orais baseadas no improviso, mas que fazem referência às vivências juvenis contemporâneas. Neste sentido, um trabalho voltado para tais práticas situa-se na mesma mão que as propostas de educação literária presentes na BNCC.

> ### DICA DE LEITURA
>
> Aproveite o momento para conhecer a proposta realizada pela equipe da NOVA ESCOLA para as práticas de linguagem em sala de aula na perspectiva da BNCC.
>
> Acesse: https://novaescola.org.br/bncc/conteudo/42/como--trabalhar-as-quatro-praticas-de-linguagem-previstas-na-base acesso em 23 de mai. 2022.

Contudo, para dar cabo de tal programação é preciso saber trabalhar o cotidiano de sala de aula e também o que acontece fora dela, nos horários em que não se está diante do sistema escolar. Eventos como saraus, tertúlias literárias, festivais, *slam poetry*, e mesmo alguns espetáculos de rua dos chamados *buskers* que vêm se tornando muito populares entre o público urbano mais jovem e muitas vezes congregam música e poesia, entre outras formas de encontros literários, demonstram ser uma forma de socialização dos saberes, afinal, a linguagem se materializa nos enunciados concretos, na comunicação efetiva que estabelecemos com as pessoas que nos rodeiam.

A língua existe em função do uso que locutores e interlocutores fazem dela em situações de comunicação. Círculos de leitura de poemas ou obras teatrais ampliam o contato com a literatura, com a fruição estética, constituindo-se em práticas de letramento. A leitura literária deve vir precedida da leitura de mundo e deve transformar o sujeito em um ser crítico e reflexivo, capaz de extrair de suas experiências um conhecimento que extrapole uma visão de mundo fragmentada e sem contexto. O fato é que os gêneros orais, quando dinamizados em sala de aula e se possível, para além dela, podem ser um potente instrumento de desenvolvimento da comunicação, assim como do desenvolvimento da fruição estética e desenvoltura linguística, interacional e social dos alunos, no sentido de promover uma educação cidadã.

CAPÍTULO 6
LENDO O MUNDO POR MEIO DA LITERATURA

No capítulo anterior abordamos o texto literário a partir da velha e conhecida perspectiva do seu uso para o ensino da língua. E isso ocorre por conta da relação intrínseca entre ambos: língua e literatura. Trata-se de elementos determinantes da forma que escolhemos para o desenvolvimento da vida humana. Com isso quero dizer que criamos aquilo a que chamamos cultura letrada. E ler é, possivelmente, a competência cultural mais valorizada da história humana no transcurso do tempo; tanto assim, que dividimos a existência humana em pré-história – momento anterior ao aparecimento da escrita – e história – tudo aquilo que veio a partir da escrita. Boa parte da memória humana vem sendo compartilhada por meio do texto escrito.

6.1   LETRAMENTO LITERÁRIO

Os estudos em educação atribuem enorme importância ao letramento; isto é, ao ensino e aprendizagem dos usos da escrita na sociedade. Street (2003) considera que o letramento designa as práticas sociais da escrita que abarcam a competência e os saberes, os processos de interação e as relações de poder ligadas ao uso da escrita em contextos e ambientes determinados. Poderíamos, neste sentido, entender o letramento literário como uma especificidade do letramento, dado que a literatura é uma das práticas sociais da escrita.

A afirmação de que o letramento literário é uma especificidade do letramento decorre do fato de que a leitura literária proporciona um modo privilegiado de ler o mundo que se dá *a partir de* e *na* própria linguagem; trata-se de alcançar o domínio da palavra a partir dela mesma. Como afirmou Cosson:

> *[...] tornar o mundo compreensível transformando a sua materialidade em palavras de cores, odores, sabores e formas intensamente humanas [...] (COSSON, 2006b, p. 17).*

E essa forma tão elaborada de ver – ou ler – o mundo não é uma habilidade pronta e acabada que o indivíduo traz de forma inata, mas algo que deve ter na escola, no processo educativo, além de outras instâncias da vida, sua efetivação; uma vez que é resultado da experiência leitora vivida.

Daí a importância da boa elaboração de uma educação literária na escola. Assim, não se deve utilizar um texto literário deturpando-o, falseando-o, transformando o que é literário em pedagógico ou ideológico. Este é um equívoco muito comum no contexto escolar tão afeito à periodização dos estilos e, sobretudo, à fragmentação das obras, que é algo que deve ser combatido. Ao contrário, convém respeitar a integralidade dos textos. Não se deve retirar ou saltar trechos de uma obra literária que, por alguma razão, acreditamos não ser adequadas ao nosso público-alvo. Vale o mesmo para as proibições de marcas político-ideológicas, religiosas etc.

Com efeito, as obras precisam ser lidas e compreendidas em sua integralidade e em sua relação com os contextos culturais e históricos que as geraram; com as relações que estabeleceram com seus pares, sejam eles de mesma nacionalidade ou de outras partes do mundo; com as outras expressões artísticas com as quais dialogaram ou podem vir a dialogar e, ainda, nos diálogos travados com o tempo passado, o tempo presente ou as projeções de futuro.

Neste sentido, convém pensar a literatura brasileira, por exemplo, em sua relação com as outras literaturas de língua portuguesa, em relação às outras literaturas latino-americanas, observando suas semelhanças e dessemelhanças, o que é passível de comparação e o que não o é. Convém ainda, pensá-la quando posta em relação com o conjunto da produção literária ocidental, de ontem e de hoje, com a africana – independentemente da língua de origem, e mesmo, quando posta em relação com o Oriente. Daí a necessidade que tem o professor de construir para si um amplo repertório de leituras literárias, além do desenvolvimento de um pensamento teórico literário embasado e criterioso.

> ### DICA DE LEITURA
>
> A título de exemplo dessa necessidade de leitura em contexto escolar das relações que se estabelecem entre as diferentes produções literárias, veja a abordagem do site **PREPARAENEM** para os haicais do poeta paranaense Paulo Leminski:
>
> https://www.preparaenem.com/portugues/dez-haicais-paulo-leminski.htm acesso em 08 jul. 2022

6.2   LITERATURA NACIONAL E LITERATURA ESTRANGEIRA

Há inúmeras formas de se realizar leituras comparadas entre obras literárias de diferentes autores, países ou mesmo épocas.

Com efeito, os gêneros literários foram se desenvolvendo ao longo do tempo. Foram se transformando, se aclimatando a novos lugares, novas épocas ou contextos e, neste sentido, podem oferecer hipóteses de leitura conjunta a fim de se estabelecer as suas possibilidades de diálogo.

Podemos ilustrar essa possibilidade de leitura do mundo por meio da literatura, em sala de aula, tomando como exemplo, neste momento, a obra uma obra pertencente ao cânone brasileiro: **Lucíola**, de José de Alencar. Veja aqui algumas hipóteses de leitura que o romance oferece:

Fonte: acervo pessoal da autora
<capa de Lucíola, de José de Alencar>

a. Seria possível usar *Lucíola* e *A Dama das Camélias* (Alexandre Dumas Fº) para entender marcas culturais importantes no transcurso do século XIX, da cidade do Rio de Janeiro e suas relações com a cidade de Paris. Para isso, além da leitura dos romances, o professor precisaria valer-se de um suporte teórico e contextual a respeito dessas cidades durante o período, a fim de traçar um caminho de reconhecimento das semelhanças de função entre Paris (capital cultural do mundo no XIX) e o Rio de Janeiro (capital do Brasil Império e capital cultural brasileira no XIX) além de observar a influência do Romantismo e do Realismo francês sobre o Romantismo e Realismo brasileiros e, ainda, a semelhança de função que ambas as cidades exercem na composição das narrativas, ambientação e construção do enredo e personagens.

b. Hipótese de leitura diferente seria, a partir de **Lucíola**, entender as configurações da mulher na literatura brasileira através do tempo. Assim, a obra de Alencar, que pertence à segunda metade do XIX, poderia ser lida, por exemplo, junto de **As Meninas**, de Lygia Fagundes Telles (1974) e de **A Pediatra**, de Andrea del Fuego (2021). Se a mulher do Romantismo/Realismo era traçada a partir de seu destempero amoroso, sua vocação para a sedução e, quando fosse o caso, a busca por uma expiação de suas culpas, as representações femininas na sociedade dos anos 1970, destacam questões como casamento, violência, as conquistas de direitos e liberdades e a mudança no pensamento do que é ser mulher e sua função social. Já em **A Pediatra**, o que se discute é a questão do espírito maternal como algo inerente ou não a toda e qualquer mulher. Será que toda mulher vem determinada a ter um espírito maternal ou seria essa uma construção histórica? Um momento de reflexão descontraída, ou mesmo de aquecimento para discutir tais temas, poderia ser alcançado, em sala de aula, com a canção **Pagu**, de Rita Lee e Zélia Duncan (2000). Aportes teóricos oriundos das Ciências Sociais e mesmo, documentos históricos das práticas feministas são auxiliares do professor na elaboração de um roteiro de trabalho para essas discussões com as turmas do EM.

Evidentemente que qualquer professor para dar conta de atividades assim, precisa munir-se de um bom repertório, um conjunto de leituras e saberes que subsidiem sua atividade docente, a fim de tornar possível a mediação das discussões e reflexões de seus alunos. No caso da canção, seu uso permitiria, ainda, as análises semióticas relacionadas aos diferentes processos de significação no romance e na canção, bem como o lugar ocupado par cada um desses gêneros textuais no contexto cultural brasileiro. Isso demanda, contudo, um vasto repertório por parte do professor.

São inúmeras as possibilidades de trabalho partindo da leitura comparada entre obras do cânone literário de língua portuguesa ou de outras línguas – ou mesmo de outras obras, não pertencentes ao cânone. A título de exemplo, podemos citar alguns poucos:

a. As características da prosa histórica do romancista escocês Walter Scott e seu reflexo na literatura portuguesa, especialmente em Almeida Garrett e Alexandre Herculano.

b. A análise comparada do **Navio Negreiro** de Castro Alves, expoente do Romantismo poético brasileiro com o extenso poema narrativo de Samuel Taylor Coleridge, **Balada do Antigo Marinheiro**.

c. O surgimento, na França, do chamado *Feuilleton* (folhetim, em português). O romance do século XIX dependeu em grande medida, da força da imprensa e da forma de divulgação por ela proposta na ocasião.

Assim, a imprensa francesa reservava o rodapé das páginas de jornal aos textos de entretenimento. Esse espaço chamou-se *Feuilleton*. Inicialmente, publicavam-se ali textos de variedades. Com o tempo passou-se a publicar os romances, em capítulos e a cada dia. Tal forma de publicação teve grande êxito, uma vez que criava no leitor, sempre, a expectativa pelo próximo capítulo, pela próxima peripécia, pelo desfecho do enredo. No Brasil, autores como José de Alencar e Machado de Assis também publicaram neste formato. Mas, talvez o mais interessante seja trabalhar como, por exemplo, tal forma de publicação serviu de matriz para um gênero de ficção extraordinariamente popular que caracteriza a produção audiovisual dos séculos seguintes no Brasil, México e Colômbia: a telenovela.

d. A intertextualidade teatral entre o **Auto da Compadecida**, do escritor paraibano contemporâneo Ariano Suassuna e os Autos Sacramentais de Gil Vicente, produzidos durante o período Humanista português.

Resta ainda pensar que não é necessário que, ao estar em sala de aula, você se restrinja à leitura de obras das literaturas de língua portuguesa. Ao trabalhar com as turmas de EM o professor pode se perguntar por que razão os temas medievais em novas ou velhas obras de ficção fazem tanto sucesso entre as novas gerações. **O Senhor dos Anéis, A Guerra dos Tronos**, entre outras obras, parecem percorrer o mesmo universo imaginário das novelas de cavalaria dos tempos de **Rei Arthur e os Cavaleiros da Távola Redonda** ou **Amadís de Gaula**. Neste sentido são estas, entre outras, leituras válidas que podem levar a frutíferas discussões e práticas leitoras, sem que com isso, seja preciso se afastar muito do universo do jovem de hoje. Ao contrário, obras como essas vêm, em décadas recentes, povoando o universo dos **RPG** e dos jogos digitais que, a propósito, são excelentes recursos para uso em sala de aula.

De todo modo, não seria viável aqui elencar as infinitas hipóteses de leitura conjugada entre a produção literária brasileira e/ou em língua portuguesa e/ou outras produções. Os exemplos citados servem apenas de amostra. Contudo, vale destacar a importância dos estudos da Literatura Comparada como fonte teórica e apoio potente para a prática docente da educação literária no contexto da Educação Básica, no sentido de promover o multiletramento da moçada, sem com isto, criar um ambiente aterrorizante de mau humor forjado pelo desinteresse literário.

CAPÍTULO 7
PRÁTICA E ESTRATÉGIAS DIDÁTICAS LITERÁRIAS

Chegou a hora, caro aluno, de voltar os olhos para as possibilidades técnicas de se trabalhar com literatura em sala de aula para que você possa, paulatinamente, se preparar. Se em momentos anteriores nos detivemos nas contribuições teóricas que a metodologia promove, neste capítulo trabalharemos com exemplos de métodos e formas de trabalho. Nossa sociedade sofreu recentemente um grande impacto tecnológico e com ele surgiram novas formas de pensar, por isso precisamos, da mesma forma, estabelecer novos processos de ensino e aprendizagem de literatura nos quais o aluno seja parte ativa do processo.

Entre as diferentes linhas teóricas encontramos aquelas que entendem a prática pedagógica como o conjunto de atividades concretas com resultados objetivos; aquelas que a entendem como atividades que desenvolvem o raciocínio dos alunos; há outras, ainda, que priorizam as relações humanas envolvidas nos processos de ensino/aprendizagem. Aqui, para um maior aporte técnico, defendemos o uso combinado de diferentes práticas e clareza na declaração de propósitos pelo professor, para viabilizar a formação de sujeitos integrados. Mas, observe, mesmo que você não note neste livro a presença massiva de termos ligados ao mundo das TIC, elas devem sempre estar presentes, devem sempre fazer parte do instrumental em uso, ainda que o trabalho se debruce sobre o texto literário impresso.

7.1   A DIVISÃO POR GÊNEROS LITERÁRIOS

A literatura no contexto escolar do EM, como bem sabemos, é sempre abordada a partir de cronologias e categorizações estilísticas. No entanto, uma possibilidade interessante de abordagem é a que parte da consideração ou agrupamento a partir dos gêneros literários. Esta é, aliás, a abordagem da BNCC da qual falaremos mais detidamente um pouco mais adiante.

E o que os gêneros literários nos ensinam? A compreensão da literatura de acordo com o gênero leva o leitor a compreender que a literatura é um sistema que permite identificar e classificar as criações literárias por sua estrutura e conteúdo, levando em consideração que, de maneira geral, elas têm um público e finalidade específicos e que, além disso, foram geradas em espaços e tempos específicos.

Neste sentido, a importância dos gêneros literários radica no fato de que eles fazem uma divisão mais confortável da literatura, podendo assim classificar melhor cada uma das obras literárias de um ou vários autores; e essa classificação é feita principalmente porque a literatura – no mundo – é muito extensa e com muitas variações; mas sempre, de caráter dialógico, uma vez que há um franco trânsito entre as produções literárias no mundo: em todos os lugares e épocas.

Observe que a premissa de uma literatura-mundo desloca consideravelmente o modo de conceber a educação literária, tornando-se uma espécie de técnica. A ideia, então, é sair da perspectiva dos cânones nacionais e dos estilos de época e estabelecer leituras e análises que partam dos gêneros e estabeleçam comparação entre as diferentes obras pertencentes a um mesmo gênero.

Tal perspectiva, assim, se sustenta numa teoria que não está baseada na geografia, ou nas literaturas nacionais, ou entre a literatura de um país e outro e suas semelhanças e dessemelhanças, mas na evolução das formas literárias no tempo e no espaço. Vale dizer: partindo-se de um *corpus* não necessariamente nacional, embora sempre geograficamente localizado para fins de contextualização, o estudo migra para o aspecto conceitual que perpassa todas as literaturas, buscando um padrão.

Isso porque, com efeito, os gêneros literários não sobreviveriam sem as transformações culturais. O estudo da evolução da forma literária nas diferentes culturas do globo, como uma possibilidade de estudo, sem cair na armadilha da relação de dependência entre culturas, evidenciando o seu caráter complementar, pode ser um modo mais significativo de abordagem escolar do objeto literário.

Uma verdadeira educação literária implica que o trabalho ocorra em um contexto no qual tanto professores como alunos possam orbitar em torno do texto literário, sendo estimulados a alcançar um conhecimento intersubjetivo de sentimentos e pensamentos que abrem um horizonte de significados.

7.1.1   Como trabalhar os gêneros

Para um melhor desenvolvimento do trabalho convém considerar que, ao ser adotada a perspectiva do estudo a partir dos gêneros, ela deverá nortear a totalidade dos trabalhos, do 1º ao 3º ano do EM. Esta é, inclusive, a proposta norteadora da BNCC. Daí que uma melhor forma de se trabalhar seria começar, no 1º ano, com os textos de menor extensão. Iniciar os trabalhos pelo diálogo e intersecção entre música e poesia ou entre as HQ e outros gêneros, por exemplo, pode ser bastante interessante. Posteriormente, devem-se introduzir as narrativas. Primeiro as mais curtas, como os contos e, depois, as narrativas mais longas, os romances de maior fôlego. Textos teatrais ou que de algum modo se voltem para a arte da cena, assim como as canções, podem ser explorados em diferentes momentos, entremeados aos outros gêneros, sobretudo por sua capacidade de operar no campo da oralidade.

Fonte: arquivo da autora

É preciso que você note, ainda, que a escolha por se trabalhar a partir dos gêneros, não exclui outras formas de trabalho, outras possibilidades metodológicas, a serem postas em prática concomitantemente ao projeto mais global dos gêneros.

7.2   ENFOQUE POR TAREFAS

Há diferentes vantagens no emprego do enfoque por tarefas como método para trabalhar a educação literária em sala de aula. A primeira delas se refere ao fato de que, em se tratando de uma metodologia ativa, o aluno tem que aprender a manipular as informações, selecionando aquele conhecimento que, dependendo do que se pede, é necessário para completar as atividades que precisa realizar. Além disso, a sala de aula torna-se um espaço aberto ao diálogo, no qual a troca de conhecimentos entre o professor e os alunos é constante; o que permite a expansão e acesso ao referido conhecimento do aluno, já internalizado, e muitas vezes inconsciente.

E isso ocorre, porque esta abordagem permite dar a aula mudando a perspectiva do ensino: são eles, os alunos (e o professor como mediador) que devem participar, seja falando por si mesmos, ou respondendo às perguntas orientadas pelo professor; são eles, os alunos (e não o professor) que devem escrever seus próprios resumos ou esquemas sobre o que ouviram em sala de aula, ajudando-se com o livro didático, pesquisas ou prestando atenção às atividades que são solicitados a fazer em casa.

Dado o esquecimento que a literatura vem caindo, o enfoque por tarefas pode servir para que você, professor, possa mostrar aos alunos que a literatura é um conhecimento necessário e muito mais "relacionado com a vida" do que parece a primeira vista.

A abordagem baseada em tarefas é uma metodologia muito recente que surgiu no contexto do ensino de línguas estrangeiras. Desenvolveu-se a partir da conhecida abordagem comunicativa, que postula o ensino de línguas a partir dos atos de fala. Seguindo este método, o professor propõe uma tarefa cujo sentido e significado é retirado da vida real para ser feito na língua-alvo. Essa tarefa constitui o objetivo primordial da aprendizagem, feita numa progressão composta por atividades estruturadas da mais fácil para a mais difícil, da mais controlada até a mais livre. A ideia aqui, então, é fazer tal método migar para o campo da educação literária.

Não se pode falar de educação literária sem falar educação linguística. No caso do ensino de literatura pátria, o objetivo não estaria tanto em levá-los a fazer corretamente a tarefa final preestabelecida pelo professor, em cujo manejo da língua, em princípio, não deve haver maiores dificuldades; como fazê-los refletir, durante o processo de aprendizagem e *a posteriori*, sobre a importância da linguagem como instrumento literário, e da própria literatura como objeto estético resultante de uma tradição cultural e linguística.

No mundo altamente informatizado em que vivemos não há um momento tranquilo para ler um bom romance. Por isso, que é essencial aprender não apenas a usar a linguagem escrita, mas também a distingui-la da oral. O aluno deve ser capaz de diferenciar a forma como escreve em um *chat* ou em um fórum, a forma como deve escrever um formulário de reclamação, uma carta de apresentação, um currículo ou simplesmente uma redação. Por esta razão, é necessário fazer o jovem contemporâneo ver que quando escreve usando novas tecnologias, sua linguagem está muito mais próxima da linguagem oral que a linguagem escrita, mas que isso não implica que toda linguagem escrita deva obedecer a essas regras. Ao contrário: as instituições de ensino devem, portanto, mostrar as formas de diferenciar as duas modalidades de linguagem em relação à situação comunicativa em que cada uma é usada. E a literatura é um excelente instrumento para este trabalho.

Como consequência, a literatura em sua modalidade escrita deve ser considerada mais uma forma de comunicação por meio de um conjunto de textos escritos ao longo dos séculos, que continuam a manter parte da intenção que seus autores queriam capturar, e que o conseguiram com um estilo peculiar. Fica claro, então, que a aplicação da abordagem baseada em tarefas pode fornecer grande conhecimento. No entanto, você tem que levar em conta vários aspectos "realistas"; tais como: certo desinteresse prévio dos alunos pela literatura, formas diversas de indisciplina, a falta de livros nas bibliotecas, salas de aula com muitos alunos, entre outras questões.

Por conta das razões consideradas anteriormente, parece complexo projetar uma unidade de ensino baseada nessa abordagem, pois há uma tendência de considerar o aluno como uma esponja passiva e desinteressada. Assim, mais adiante comento uma unidade didática centrada no enfoque por tarefas que pode vir disfarçado de movimento poético; uma série de atividades ou tarefas que forçam o aluno a se concentrar em determinadas aspectos de diferentes textos, com a intenção de fazer com que adquira ferramentas, conhecimentos e estratégias de leitura.

7.1.2   Proposta didática

Nesta subseção, após mencionar o tema (A), os objetivos (B) e os conteúdos (C) da unidade didática de amostra, iremos propor algumas dicas práticas (D) que você pode utilizar para complementar as atividades posteriores, destinadas a serem inseridas diretamente no material dos alunos, bem como aqueles para se realizar em casa (E).

A – Tema
A Poesia Marginal brasileira dos anos 1970.

O tema da unidade escolhido como exemplo gira em torno da Poesia Marginal produzida no Brasil no início da década de 1970. Sem se constituir propriamente um movimento de época, a Poesia Marginal abarca uma produção característica de seu momento de aparição e da qual participaram vários poetas cariocas ou radicados no Rio de Janeiro, especialmente os participantes da Geração Mimeógrafo. Algumas outras figuras gravitam em torno da produção da época sem, no entanto, estarem vinculados aos poetas do grupo do Mimeógrafo.

B – Objetivos
Entre os objetivos desta unidade didática encontramos:

- Situar o momento dentro do quadro histórico global.
- Adquirir uma concepção geral do movimento em seu contexto histórico e sociocultural.
- Detectar as principais características em relação a conteúdos e valores, nos textos líricos.
- Distinguir os gêneros típicos do período, bem como os mais frequentes.
- Conhecer as obras mais representativas desse período, bem como seus autores.
- Diferenciar o lugar e aspectos da poesia de Leminski em relação à chamada Geração Mimeógrafo.
- Comparar poemas produzidos no contexto da poesia marginal com poemas produzidos em outros contextos.

C – Conteúdo

Conceitos	Procedimentos	Atitudes
Características: a contracultura, a ditadura militar, a censura, o *desbunde*. Temas: relação entre literatura e sociedade, cotidiano, crítica política. Estratégias de linguagem: intertextualidade e a paródia; a metáfora; a ironia; a ambiguidade e estratégias de linguagem centradas em diálogos intertextuais marcados pelo ecletismo; diálogo entre períodos literários e gêneros textuais; amores triviais e linguagem coloquial. Formas poéticas: poemas de verso livre, haicais, canções. Influência: Modernismo. Autores: Cacaso, Ana Cristina Cesar, Torquato Neto, Wally Salomão, Francisco Alvim, Chacal e Paulo Leminski.	Análise e interpretação de poemas da época. Leitura critica de textos da Poesia Marginal a fim de justificar seu pertencimento a este período, reconhecendo neles suas principais características. Propor a criação de um poema seguindo os padrões estudados para verificar as dificuldades típicas dessa atividade.	Desenvolver amor pela leitura. Desenvolver o gosto para poesia e, concretamente, para a Poesia Marginal. Valorizar a linguagem como meio de expressão estética. Criticar justificadamente o que se lê.

D – Dinâmica da aula

<Mimeógrafo a manivela, Polônia, 1891.>
MIMEÓGRAFO. CC0. Disponível em: https://pt.wikipedia.org/wiki/Mime%C3%B3grafo#/media/Ficheiro:Powielacz_bialkowy_'Cyklos'.jpg Acesso em 1 de ago. 2022.

Recomendamos iniciar com atividades motivadoras. Assim, uma sugestão seria trazer canções, cujas letras foram escritas por Cacaso, Chacal ou Wally Salomão e outros poemas para que se possa fazer a audição e leitura dos textos.

AULA 1

- Mostrar a letra das canções, mostrar os poemas.
- Colocar a canção para escuta de 3 a 4 vezes para que observem suas características.
- Fazer leitura silenciosa e em voz alta dos poemas e letras das canções.
- Discutir sobre os temas presentes nos poemas e canções. Discutir sobre o chamado período dos "anos de chumbo" da História do Brasil.
- Refletir e discutir sobre as estratégias de linguagem presentes nos poemas e canções.
- Acessar a web a fim de pesquisar os conceitos de Desbunde, Poesia Marginal e Geração Mimeógrafo.
- No final da aula, eles podem receber um desafio (para se preparar para a tarefa final): É uma tarefa fácil escrever poesia? Quem se atreveria a escrever um poema? É fácil fazer um poema falando de coisas triviais?
- Atividade para casa 1.

AULA 2

- Correção e discussão a respeito da atividade de casa.
- Fazer, em duplas, uma discussão aprofundada acerca dos temas apresentados em cada um dos poemas trabalhados em casa.
- Redigir um comentário sobre a questão temática de um dos poemas lidos.
- Pesquisar a respeito do modo de ação dos poetas da Geração Mimeógrafo e o "lugar" de Paulo Leminski no contexto da época.

AULA 3

- Apresentar o vídeo **Heloisa Buarque de Hollanda fala sobre literatura marginal no Trilha de Letras**. Disponível em: https://www.youtube.com/watch?v=-DH0vnWQrYkI Acesso em 01 ago. 2022.
- Retomar em conjunto com a classe a análise do poema Jogos Florais de Cacaso em cotejo com o *Canto de regresso à pátria*, de Oswald de Andrade e a *Canção do Exílio* de Gonçalves Dias a fim de trabalhar aspectos relacionados à intertextualidade e interdiscursividade ali presente.

AULA 4

- Analisar os *haicais* de Leminski em cotejo com *haicais* de Guilherme de Almeida (poeta modernista brasileiro), do escritor mexicano Octavio Paz (1914/1998) e de Matsuo Bashô (1644/1694), poeta do período Edo japonês. Contextualizar o *haicai* no Japão.

- Recolher os comentários produzidos na aula anterior.

- Sanar dúvidas que tenham restado.

- Verificar outras leituras que os alunos tenham feito ensejados pela leitura dos poetas sugeridos em sala de aula.

- Propor a 2ª atividade de casa.

AULA 5

Finalmente, no fim da aula 4 você pode solicitar outra atividade de casa, recuperando o desafio que proposto na 1ª aula. Agora você pode orientá-los e propor a eles a possibilidade de organizar um momento – pode ser no intervalo, por exemplo – em que a turma imprima seus poemas – mais ou menos à moda da Geração Mimeógrafo – e os distribuam entre os outros alunos da escola. O importante é fazer com que saibam valorizar a obra literária dos poetas e todo o esforço intelectual e conceitual o que está por trás.

E – Atividades

Atividade para casa 1: leitura de poemas

a. Cacaso – *Jogos florais*

b. Chacal – *Reclame*

c. Paulo Leminski – 3 haicais escolhidos pelo professor

Averiguar qual a estratégia de linguagem predominante em cada um dos poemas.

Observar e refletir como se dá a questão do desbunde em cada poema.

Atividade para casa 2:

Escrever poemas de temática semelhante à dos Poetas Marginais e nos quais se evidencie as mesmas estratégias de linguagem utilizadas pelos poetas brasileiros do período.

Exemplos de Atividades:

1. Pesquisa: Para conhecer um pouco mais da poesia de Chacal e outros poetas de seu grupo faça uma pesquisa a respeito da chamada Geração Mimeógrafo que aponte, além de suas características poéticas, sua forma de atuação social e editorial.

2. O poema de Cacaso "Jogos Florais" (Partes I e II) foi publicado em 1974, no livro **Grupo Escolar**. Faça uma releitura do poema e, em seguida, explique como os termos "vinagre" e "Palmares" presentes no poema representam uma crítica ao nacionalismo brasileiro dos chamados anos de chumbo e como podemos relacionar esse modelo crítico com o Brasil contemporâneo.

7.3   INTERDISCIPLINARIDADE

A interdisciplinaridade refere-se à capacidade de combinar várias disciplinas, de interligá-las e, assim, potencializar as vantagens de cada uma, evitando que as ações sejam realizadas de forma isolada, dispersa ou fragmentada. Para realizar um trabalho interdisciplinar, é necessário convergir e combinar as intervenções dos diferentes profissionais ou áreas de conhecimento sobre o caso concreto, portanto, envolve delimitar o objeto de estudo observando-o de diferentes enfoques ou pontos de vista.

Você já deve ter observado que, em princípio, o termo "interdisciplinar" é aplicado no campo acadêmico ao tipo de trabalho científico que metodologicamente requer a colaboração de diferentes disciplinas e, em geral, a colaboração de especialistas de várias áreas ou disciplinas. Nesse sentido, a equipe de pesquisa é multidisciplinar.

Prosseguindo pelo mesmo caminho, podemos afirmar que a interdisciplinaridade no campo educacional é entendida como um trabalho conjunto entre duas ou mais disciplinas que giram em torno de um fio condutor, que é o que permite aos alunos adquirir conhecimentos e gerar novas conclusões sobre o que aprenderam. Isso permite que um assunto seja estudado com maior profundidade sem abrir mão do ensino de conteúdos específicos da disciplina. Muitas vezes, os resultados dessas verificações são muito maiores que o esperado, pois a interdisciplinaridade oferece a geração de pensamento flexível, o desenvolvimento e aprimoramento de habilidades de aprendizagem, e facilita a compreensão do conhecimento e do mundo oferecendo um procedimento holístico.

Por isso, um projeto interdisciplinar é um meio para desenvolver habilidades e competências-chave, que são o eixo central do currículo atual proposto na BNCC. Em todo o trabalho de projeto, é necessário estabelecer um núcleo de interesse em torno do qual organizar as diferentes áreas de aprendizagem e as diferentes competências-chave.

Contudo, não é simples estabelecer um trabalho interdisciplinar. No caso da literatura, se mostram mais evidentes os diálogos com as disciplinas de história, geografia, artes e mesmo língua portuguesa. Mas, é preciso abrir o olhar para outras possibilidades como as disciplinas voltadas às ciências da natureza, ou a matemática; e ainda, para as questões da vida real, tais como: meio ambiente, minorias, geopolítica etc. A verdade é que a literatura, por falar de qualquer aspecto da vida humana a partir de um enfoque estético, se presta como nenhum outro objeto do conhecimento escolar para os estudos interdisciplinares.

Fonte: http://www.literaturapretensiosa.com/2018/03/matematica-e-literatura-projeto.html

Assim, as possibilidades da interdisciplinaridade são infinitas. E não se trata de oferecer aqui um modelo de trabalho como no caso do enfoque por tarefas. Assim, não convém dar muita corda ao assunto, oferecendo um punhado de exemplos, que certamente serão melhor explorados nas disciplinas de didática e prática de ensino. De qualquer modo, ao adotar o enfoque interdisciplinar procure sempre fixar objetivos realistas, colocar-se de acordo com os colegas para a condução do trabalho e ter clareza das rotas a seguir. A literatura possibilita qualquer forma de trabalho interdisciplinar na medida em que é, ela própria, um elemento retirado da vida para a finalidade de compor uma possibilidade de estudos.

7.4   MUNDO DIGITAL, A POESIA, A FICÇÃO E OUTROS BARATOS...

Se a **Cultura Escrita** designa a relação entre ler, escrever e saber, a **Cibercultura** refere-se às novas tecnologias em duas vertentes: inteligência artificial (IA), como tecnologias informáticas de comunicação entre máquinas; e, por outro lado, à circulação de saberes e fazeres.

Neste sentido, na comunicação literária, a tecnologia tem contribuído para que as obras cheguem a mais destinatários, não só pela superação dos limites espaço-temporais nos diferentes contextos, mas também pela eliminação de obstáculos e dificuldades na obtenção de obras literárias esgotadas. Trata-se, portanto, de um fenômeno já bastante conhecido: a mudança de suporte de apresentação dos textos.

Contudo, você precisa observar que há uma enorme amplitude na produção literária contemporânea que não depende, exclusivamente, do mundo digital. A literatura contemporânea caracteriza-se por refletir uma nova visão do mundo, refletindo uma ruptura com os costumes e crenças tradicionais, mas também por apontar para duas direções opostas. Surgem novos gêneros literários tanto orais como escritos.

No campo da oralidade, os já citados movimentos de periferia (cultura *hip-hop*; movimento *rapper, slam poetries, buskers...*) tem tomado a dianteira e, é preciso enfrentar o desafio e trazer para o campo educacional toda essa manifestação da juventude periférica dos grandes centros.

< *Slam* da Guilhermina>
Slam da Guilhermina – Jornal da USP – Disponível em: https://jornal.usp.br/cultura/
slam-saraus-e-coletivos-poesia-para-resistir-ao-horror/

> ### *DICA DE EVENTOS POÉTICOS*
>
> Há muita coisa circulando pelo Brasil todo no que se refere à poesia oral. No transcurso dos anos de 1990 o incremento da cultura do *hip-hop* e dos diferentes movimentos periféricos urbanos deu impulso a uma nova onda poética no país. Veja a seguir alguns dos importantes eventos poéticos que acontecem na cidade de São Paulo já há alguns anos e procure eventos similares em seu município para montar o seu próprio repertório:
>
> Sarau Cooperifa – https://www.youtube.com/watch?v=EEQ4cJfDx5k&t=230s
>
> *Slam* da Guilhermina – https://www.youtube.com/watch?v=4gafu-ojx_Q

No caso da literatura escrita, você deve observar que se trata de um campo em que se misturam as diferentes técnicas de escrita, as quais jogam com as fronteiras entre realidade e ficção, mundo real e virtual. Mas, há ainda, no campo da literatura escrita o desenvolvimento de um tipo de literatura específica: aquela que é feita para ser consumida, exclusivamente, no universo digital ou virtual.

Obras que se encontrem exclusivamente em formatos digitais; ou seja, livros em formato PDF, livros virtuais, e tudo que pode ser apresentado em formato impresso não é ciberliteratura, pois existem fora do formato digital. Assim, a ciberliteratura é aquela que foi concebida exclusivamente para ser consumida no suporte virtual.

No campo da cibercultura podemos afirmar que a literatura digital ou **ciberliteratura** é aquela que foi criada para ser lida em um dispositivo eletrônico e que perde todo o seu significado e sentido se for levada para outro formato, por exemplo, um livro. A literatura digital oferece ao leitor um conjunto de textos em que a palavra, a *lettera* – base da etimologia do próprio termo – amplia seus horizontes para outros códigos visuais e sonoros, permitindo a experimentação não apenas ligada à construção de uma linguagem específica, mas também de uma técnica. É o mundo do *hiperlink*!

Por conta disso, a ciberliteratura *stritu sensu* é um fenômeno relativamente recente e em processo de transformação, com o surgimento de novos gêneros e a incorporação de diferentes elementos e perspectivas. Ainda assim, não podemos entendê--la como algo despregado da tradição literária. Ao contrário, a poesia digital, cujo caráter é predominantemente visual, deriva de uma tradição poética não digital e anterior a era da literatura nas telas: o Concretismo e seu trabalho **verbivocovisual**.

> *LEMBRE-SE...*
>
> A literatura sempre dialoga consigo mesma, com seu passado e tradições; seja para negar, afirmar ou transformar! Neste sentido, vale a consideração de dois conceitos relacionados ao tema deste tópico:
>
> **Verbivocovisual**: tipo de poema *que está para além da* linguagem verbal, assumindo, também, as linguagens sonora e visual. A poesia visual ou poesia concreta é a expressão plástica da linguagem alfabético-verbal. É expressar uma ideia com imagens, libertando-a do verbal e do escrito. Nesta sociedade multissensorial, repleta de estímulos visuais, a poesia visual ganhou grande importância.
>
> **Poesia hipertextual**: é aquela que (apenas) utiliza o hipertexto (a soma de textos e links) para formar uma obra poética.

Contudo, para um melhor desenvolvimento do trabalho com a literatura digital em sala de aula devemos observar alguns aspectos: os leitores mudaram na era digital, ampliaram seus horizontes de leitura, ampliaram suas estratégias de leitura. Mas ler é algo que se aprende e, por isso, o letramento digital deve ser levado em conta como algo necessário para a educação hoje.

A disseminação da Internet e a difusão dos dispositivos móveis levam a uma expansão dos meios de comunicação e dos contextos em que lemos. O uso de textos digitais tornou-se essencial em todas as áreas da atividade humana. Mas, claro, como em qualquer outro campo da vida, nem tudo são flores. Um dos efeitos mais marcantes do advento da leitura digital para substituir os livros impressos é a maneira como nossos cérebros estão perdendo a capacidade de atenção, retenção, leitura e compreensão. Assim, é necessário, em sala de aula, sempre trabalhar no sentido de uma maior variedade ou pluralidade de tipos de atividades e leituras. Assim, nem só oral, nem só impresso, nem só digital.

De todo modo, no que se refere ao mundo digital, tenha sempre em mente que a leitura digital apresenta uma série de ferramentas valiosas, capazes de suprir as necessidades de aprendizagem no âmbito social e escolar, tais como: blogs, redes sociais, *wikis, podcasts* e outros instrumentos de aplicação do conhecimento.

Nas redes sociais sobre livros literários, cada um com suas características particulares, os usuários cadastrados podem criar seu perfil, acessar os arquivos dos livros, criar sua lista de leitura, avaliar e comentar obras, participar de clubes do livro digital, conhecer pessoas com as mesmas afinidades etc.

Assim, o mundo digital deverá complementar as atividades com o livro impresso e/ou ser usado para o trabalho com a ciberliteratura. E, nesse sentido, trazer a poesia e/ou outras formas literárias para a sala de aula serve para:

- Trabalhar, compreender e expressar emoções, incluindo empatia e tolerância, enriquecendo as habilidades de comunicação dos alunos.
- Aprender a falar em público ou ler em voz alta, interpretar e declamar, relacionado com a primeira ideia apresentada.
- Fomentar a produção literária nos alunos.

DICA DIGITAL

Veja que no contexto das redes sociais muitos movimentos podem surgir. No mundo contemporâneo estão muito em voga os chamados "coletivos". Assim, aqui trazemos dicas de coletivos poéticos de mulheres cujas formas de comunicação estão relacionadas ao cotidiano das redes sociais, para que você possa se apropriar deste universo e, a partir dele, buscar outros coletivos que estejam próximos de sua realidade, de sua geografia e/ou do seu interesse ou do interesse de seus alunos; os que apresentamos aqui são: **Mulherio das Letras** e **Mulherio das Letras da Baixada Santista**.

Logo – Mulherio das letras
Disponível em: https://www.facebook.com/
photo/?fbid=524226056518361&set=a.510424034565230
Mulherio das letras – https://www.facebook.com/mulheriodasletras
Mulherio das letras da Baixada Santista/SP – https://www.facebook.
com/profile.php?id=100063555489062

7.5   PLANEJAMENTO DIDÁTICO E TRANSPOSIÇÃO DIDÁTICA

Creio ser bem possível iniciar este tema considerando que uma boa educação em literatura deve começar apresentando aos alunos todos os possíveis significados e valores que a literatura como disciplina e o fato literário podem ter. Devemos propor aos alunos um conjunto de características da literatura que os ajudem a compreendê-la e a valorizá-la.

Isso porque a Didática da Literatura ou o que aqui chamamos de Educação Literária é uma ciência social de composição interdisciplinar e relacional que se caracteriza por estabelecer um foco mais efetivo nos processos cognitivos de aprendizagem comunicativa da literatura do que na instrução sobre os recursos de uma ou outra teoria literária ou ainda, de uma ou outra escola literária confinada no passado. Tal foco procura encontrar um sentido para a literatura e suas múltiplas formas de fruição e compreensão. Ele tenta investigar o sentimento do ser humano para entender como a literatura tem um impacto cultural e afetivo muito importante na vida das pessoas.

Sendo assim, como devemos, então, planejar uma leitura literária para os alunos?

Observe os passos a seguir, que devem ser trabalhados a fim de que a turma possa fruir da leitura literária. Convide-os a fazer o quanto segue:

- Organize sua leitura...
- Concentre-se e comece...
- Aproveite o processo, não há pressa...
- Não subestime ou pule atividades...
- Identifique que tipo de leitor você é (ou seus alunos são...)...

- Pesquise quais livros você gostaria de ler (ou os da preferência de seus alunos...)...

Veja que as reticências não são casuais ou fortuitas. Ao contrário, mostre aos alunos como a fruição requer tempo, requer que o sujeito crie disponibilidade interna e se ausente do mundo do relógio, do mundo utilitário... Considere, por exemplo, conversar com sua turma sobre literatura. Pergunte a eles o que entendem por literatura; se acreditam que há utilidade na literatura. Você verá que muito provavelmente a maior parte deles responderá que não há utilidade na literatura, o que, em um primeiro momento faria todos pensarem que a literatura é dispensável. No entanto, você pode seguir perguntando sobre que outras coisas inúteis eles gostam e se estariam dispostos a abrir mão de tais inutilidades. E aí está o gancho para que você desenvolva com seus alunos a ideia da importância da literatura em nossas vidas. Assim você pode começar a planejar uma leitura literária para seus alunos da Educação Básica.

Claro que para fazer a proposta de leitura literária aos alunos você deverá, previamente, planejar todo o processo. Os 7 passos básicos no processo de planejamento são:

- Estabelecer seus objetivos pedagógicos.
- Identificar os recursos disponíveis.
- Definir as tarefas meta relacionadas à leitura escolhida.
- Priorizar metas e tarefas.
- Criar atividades e calendário.
- Estabelecer métodos de avaliação.
- Identificar alternativas de ação.

Considere especialmente relevante a proposta de uso de sequências didáticas na forma de projetos para o campo da educação literária, que propõe a criação de determinados produtos associados a uma situação comunicativa, e cuja elaboração precisa a aprendizagem de conhecimentos literários específicos.

Atualmente, essas orientações têm levado à produção e circulação de diversas propostas de sequências didáticas que, decorrentes da experimentação em sala de aula, colaboram nos processos de formação de leitores, em geral, e do leitor literário, em particular. São propostas que vão desde projetos para promover a aprendizagem inicial da leitura e da escrita, até sequências que visam repensar os processos tradicionalmente formalistas ou de orientação historicista que sempre caracterizaram a formação escolar no campo da literatura.

Neste sentido, as soluções e livros didáticos produzidos pelo setor editorial brasileiro vem contribuindo de maneira contundente com a rotina do professor. As produções mais contemporâneas – incluindo toda a produção voltada para o PNLD e para os SE – tem primado por oferecer bons subsídios de trabalho e formação docente continuada no campo da pedagogia por uma educação literária.

7.5.1 Transposição didática

A transposição didática é um processo no qual o conhecimento científico ou acadêmico sofre uma série de transformações para adequá-lo a um nível menos científico-acadêmico e mais técnico, acessível a alunos não especializados. Assim, a teoria literária é o subsídio que você deve carregar a fim de levar o seu aluno a fruir e interpretar o texto literário naquela perspectiva de mão dupla já comentada: o direito do leitor de fazer sua leitura interpretativa única e o direito do texto ser adequadamente interpretado.

Este processo é de grande importância no ensino uma vez que, se for realizado de forma adequada, será possível dotar os alunos de conhecimentos úteis, atuais e embasados cientificamente, mas sem abusar de termos técnicos ou de informações especializadas.

A transposição didática implica uma série de fases em que o conhecimento científico é progressivamente adaptado ao nível dos alunos. Esse conhecimento é moldado de acordo com os objetivos do currículo, e tanto os autores dos livros didáticos quanto os próprios professores em sala de aula devem estar envolvidos nesse processo, tornando o conhecimento válido para os alunos.

O conhecimento científico passa por duas transformações principais. Primeiro, ele é modificado de forma que possa ser ensinado e se tornar um objeto de ensino. Professores e especialistas no campo da educação estão envolvidos nesta primeira transformação. Posteriormente, ocorre a segunda transformação, na qual você irá trabalhar e adaptar esse conhecimento já modificado a partir das características de sua sala de aula e do texto literário a ser trabalhado.

É de fundamental importância, como participante da transposição didática, que você leve em consideração as características dos alunos que compõem a sala de aula: diferenças socioeconômicas, estágio de desenvolvimento, diversidade cultural, dificuldades de aprendizagem, diferenças linguísticas, número de alunos na sala... Por conta disso, é importante fazer três perguntas em relação ao conhecimento a ser trabalhado em sala de aula:

- O que ensinar?
- Por que ensinar?
- Como ensinar?

Quando se trata de transformar o conhecimento, este deve ser feito de forma que não seja distorcido ou apresentado de forma muito generalizada e que se perca a essência do seu conteúdo (daí a ideia de que há um direito do texto, de ser bem interpretado). É essencial evitar que, na reformulação e simplificação deste conhecimento, venha a contradizer o conhecimento científico de que parte.

É preciso ter um cuidado especial ao ministrar os conteúdos em sala de aula, pois pode haver dois tipos de distâncias:

1. Distância entre o saber a ensinar e o saber efetivamente ensinado.

2. Distância entre o saber ensinado e o efetivamente aprendido pelos alunos.

É muito difícil que todo o conteúdo ensinado aos alunos seja totalmente aprendido. O professor deve levar isso em consideração, além de estimular a motivação e o desejo de aprender nos alunos.

Ao chegar ao final do processo, o conhecimento a ser ensinado apresenta uma série de características que facilitam seu aprendizado:

1. O conhecimento a ser ensinado, embora originalmente pertencente a um determinado campo, difere dele por ser menos específico. Continua a basear-se no campo em que se originou, mas permite que seja formulado explicando conhecimentos mais gerais.

2. Despersonalização do conhecimento: todo conhecimento acadêmico tem um ou mais autores por trás dele. À medida que se adapta a níveis menos especializados, desvincula-se do nome de quem o fez.

3. O conhecimento a ser ensinado foi elaborado de forma que possa ser introduzido, explicado e concluído com clareza. Ou seja, está programado para ser explicado progressivamente em contexto escolar e para garantir que os alunos o compreendam e aprendam.

4. Ao ser modificado para atingir níveis menos especializados, o conhecimento a ser ensinado pode atingir um público mais amplo, permitindo que seja exposto na mídia. Graças a isso, certo controle social pode ser exercido sobre a cultura geral da população.

Há, neste 4º ponto, algo importante a ser dito: embora pareça autoritário fazermos referência a controle social, o atual momento de proliferação das chamadas *Fake News* e, sobretudo, das novas tendências negacionistas frente ao saber científico e ao conhecimento histórico impulsionam para a necessidade de tal controle, ou ao menos de uma observação atenta. Daí a importância, inclusive, de voltarmos nossa atenção para as interpretações cabíveis do texto literário, em função do seu contexto de produção; seja no nível sociohistórico, seja no nível de sua categorização estética ou mesmo, de sua tendência ideológica.

> *REFLEXÃO*
>
> O mundo contemporâneo assiste a retrocessos importantes e de peso, contra os quais nós professores, temos a responsabilidade de tomar posições firmes; o mundo do negacionismo é um deles.

> Se, por um lado, assusta imaginarmos que há quem se negue a tomar vacinas, por exemplo, num claro e expresso negacionismo científico; há, por outro, o negacionismo do politicamente correto, que macula obras literárias e outros elementos da produção material humana, num expresso apagamento da história. E isto, também se configura uma forma de negar. Não se trata aqui de negacionismo científico, mas histórico; o que dá no mesmo! Assim, também tais questões devem ser pensadas no trato com a transposição didática, dado que muitas vezes o conhecimento vem impregnado de ideologia, o que precisa ser sempre medido e aparado em nome do conhecimento.

7.5.1.1   O livro didático

O livro didático vem adquirindo, no decorrer do tempo, uma importância cada vez maior. No caso brasileiro, pode-se afirmar que o sistema escolar depende completamente da produção de didáticos no país, pelo menos nos últimos 50 anos. Não por acaso a indústria editorial dos didáticos brasileira é fortemente especializada e conta com programas importantes como o PNLD (Programa Nacional do Livro Didático) que vem promovendo uma extraordinária profissionalização do setor editorial.

Contudo, o livro didático é apenas um dos instrumentos de Transposição Didática no processo de ensino e aprendizagem e na formação crítica do estudante, de modo a fazer com que venha a ser capaz de criar, construir, descobrir o conhecimento de modo relativamente autônomo.

Com efeito, poderíamos dizer que o livro didático é um instrumento – junto a outros instrumentos, evidentemente – pedagógico. Mas, tanto por isso, este instrumento não deve ser o único a ser utilizado. Cabe ao livro didático propiciar um bom trabalho pedagógico quanto à linguagem científica adequada à faixa etária a que se destina; às atividades integradas aos conteúdos, para o desenvolvimento das diferentes habilidades e competências; à problematização de questões a estudar e pesquisar que estejam de acordo à capacidade cognitiva dos estudantes daquele ciclo e aos conceitos a construir, por meio de interlocução, observação, investigação, análise, síntese e avaliação.

Neste sentido, o **LD** tem papel significativo na dinâmica da escola, como suporte primeiro do processo de aprendizagem e do cotidiano escolar; e, um papel referencial para o andamento das atividades extraclasse, na qual se supõe certa autonomia por parte do aluno.

Como instrumento voltado para o fomento da reflexão, o **LD** tem por propósito incentivar docentes e alunos a argumentar, interagir, participar, contribuir, respeitar e investir na ampliação das habilidades e competências pessoais e profissionais, buscando formas de emancipação frente a realidade estabelecida e, com isso, elaborar um senso crítico que seja capaz de superar a fragmentação do conhecimento histórico em nosso modelo educacional ocidental e a alienação.

O livro didático deverá, igualmente, despertar o interesse e a curiosidade, a necessidade e o desejo de conhecer e estudar por parte de cada estudante que seja seu usuário. Por meio do **LD** as famílias podem acompanhar o trabalho desenvolvido por seus filhos na escola.

Contudo, é preciso que fique muito claro para o docente que as possibilidades de acesso à informação e formação dos estudantes vão além do professor e do **LD**. O **LD** está longe de ser um instrumento ou recurso único para o desenvolvimento do cotidiano escolar.

<A importância do livro didático>
Dia nacional do livro didático – Disponível em: https://contee.org.br/
dia-nacional-do-livro-didatico-e-tambem-dia-de-defesa-da-educacao/

Para além do **LD** há uma infinidade de outros recursos para os quais é preciso aprender a selecionar, interpretar e utilizar a informação disponível e que se transmite hoje em larga escala e velocidade. Assim, no caso da educação literária, é preciso, igualmente, valer-se dos paradidáticos literários; seja em sua apresentação da obra literária, seja nas orientações de leitura embasadas em estudos literários. Além disso, há todo um novo repertório disponível – literário e teórico – no meio digital que deverá ser trabalhado e nunca subestimado, como você já observou na leitura dos tópicos dedicados ao mundo digital.

Escola, professor, rol de conteúdos e **LD** precisam mudar, a fim de redirecionar a sua função, diante das novas demandas do mundo e da realidade social, informacional, comunicacional e científica de hoje.

CAPÍTULO 8
A LITERATURA E A BNCC

Em tempos recentes muita coisa vem se discutindo em torno das orientações da BNCC para o desenvolvimento do trabalho com o texto literário em sala de aula. Há quem diga que há uma ausência de previsões para esse trabalho, especialmente no texto da BNCC do EM. Há, por outro lado, quem afirme que a Literatura aparece no Novo EM como ferramenta e ponte entre as áreas do conhecimento, assim como parte do processo do protagonismo do jovem e de seus projetos de vida.

<BNCC – Base Nacional Curricular Comum>
Disponível em: https://petecaportal.wordpress.com/2018/02/01/bncc-introducao/

A verdade é que a BNCC, no âmbito da educação literária, apresenta enormes desafios para a escola brasileira, pois a noção de **leitor-fruidor** ali proposta – e tal como apresentada – é bastante abstrata, além de pouco desenvolvida – apenas 4 páginas, das 600 que compõem o documento, estão dedicadas à literatura. Assim, parece-me que o ideal, a fim de alcançar êxito no trabalho de uma educação literária em sala de aula é fomentar a ideia de tentar forjar um leitor-fruidor que não abra mão da sua subjetividade de leitura, conforme nos ensina a Teoria da Recepção de Jauss e Iser, sem se esquivar da necessidade de contextualização e compreensão do objeto literário, que remonta à tradição aristotélica dos estudos literários, baseada em seu contexto de produção. Vale dizer: um verdadeiro trabalho de Hércules!

8.1　O NOVO ENSINO MÉDIO

Em 2018, foi homologada a BNCC para o EM, que em sua **Formação Geral Básica** (FGB) segue a tendência já prescrita nos PCN de fundamentar os processos de ensino/aprendizagem nos critérios de competência e habilidades, que são a sua base geradora. No que respeita ao processo contínuo de educação literária, a BNCC apresenta questões gerais eximindo-se, contudo, de construir um arcabouço mínimo de conteúdos; o que não é o caso de língua portuguesa, matemática, geografia etc.

As obras literárias representam um acervo de conhecimentos vivenciados pela humanidade e reinterpretados pela linguagem. Ali se evidenciam comportamentos, perfis, estilos de vida e também aspectos linguísticos que nos oferecem um panorama sempre muito representativo dos processos muitas vezes tortuosos do desenvolvimento das comunidades humanas e oferece elementos para que possamos observar e estabelecer pensamentos de matrizes várias para conhecer o passado e, com isto, compreender o presente e, consequentemente, projetar o futuro. Não foi, afinal, por outra razão que a literatura migrou do campo artístico para o pedagógico; ainda que consideremos o lado negativo de tal migração.

Assim, o material artístico foi transformado em material didático; outra forma de transposição didática, se assim quisermos pensar. Passamos da literatura propriamente dita, para o ensino de literatura. Tal proposta de ensino da literatura – em seu caráter cronológico de sucessão de estilos de época e com uma forte base historicista – esteve vigente desde o advento da universalização da alfabetização até anos bem recentes em praticamente todo o sistema escolar ocidental.

Com a emergência da BNCC apresenta-se para a pedagogia da literatura um percurso generalista que a inclui na área das linguagens e no campo artístico-literário. Diz o texto oficial: *[...] busca-se a ampliação do contato e a análise mais fundamentada de manifestações culturais e artísticas em geral* (BRASIL, 2018, p. 495). Nessa linha, a BNCC estabelece a literatura como uma arte entre outras, ou ainda, como uma prática social simplesmente, e, por essa mesma razão deve ser posta em diálogo com outras linguagens, das quais não se dissocia, para que se estabeleçam as suas formas de estudo.

Em que pese a boa intenção de situar a literatura no rol de atividades do sujeito contemporâneo – incluindo-se aqui, nunca se esqueça, as práticas juvenis atuais – a BNCC não parece estabelecer de forma clara o que pretende com o trabalho do texto literário em sala de aula:

> *Está em jogo a continuidade da formação do leitor literário e do desenvolvimento da fruição. A análise contextualizada de produções artísticas e dos textos literários, com destaque para os clássicos, intensifica-se no Ensino Médio. Gêneros*

> *e formas diversas de produções vinculadas à apreciação de obras artísticas e produções culturais (resenhas, vlogs e podcasts literários, culturais etc.) ou a formas de apropriação do texto literário, de produções cinematográficas e teatrais e de outras manifestações artísticas (remidiações, paródias, estilizações, videominutos, fanfics etc.) continuam a ser considerados associados a habilidades técnicas e estéticas mais refinadas. A escrita literária, por sua vez, ainda que não seja o foco central do componente de Língua Portuguesa, também se mostra rica em possibilidades expressivas. Já exercitada no Ensino Fundamental, pode ser ampliada e aprofundada no Ensino Médio, aproveitando o interesse de muitos jovens por manifestações esteticamente organizadas comuns às culturas juvenis. (BRASIL, 2018, p. 495)*

Assim, cabe perguntar: devemos ficar com a tradição e reprisar as velhas listas do cânone, ampliando-o ao nosso gosto e conveniência? Devemos partir para uma postura inovadora que incorpore novas mídias e novos processos juvenis? Mas, com isso não estaríamos referendando o que já existe em termos de prática pedagógica literária e os seus péssimos resultados, inclusive quanto ao desenvolvimento da competência leitora? São perguntas ainda sem resposta no âmbito do documento balizador de conteúdos escolares nacionais. Ainda assim, creio ser adequado explicitar a seguir de que modo a BNCC do EM em sua seção dedicada à área de **Linguagens e suas tecnologias** apresenta os modos de ver e trabalhar o texto literário para que você possa se orientar em seu trabalho cotidiano:

- Ampliação de repertório e incentivo para que o aluno eleja seu cânone pessoal, conforme aponta a habilidade **EM13LP51 da BNCC do EM.**
- Compreensão intertextual das obras, **EM13LP03 e EM13LP04.**
- Horizontalização leitora e compartilhamento digital, conforme **EM13LP17 e EM13LP18.**

- Valorização da historicidade dos textos e inserção na cadeia de leitura, como orientam as habilidades **EM13LP46 e EM13LP48.**
- Incentivo às práticas de escrita: **EM13LP15.**
- Ampliação da tradição na qual o leitor brasileiro se insere: literatura africana, afro-brasileira, indígena e contemporânea; **EM13LP48, EM13LP50 e EM13LP52.**
- Ênfase nos clássicos de língua portuguesa para percepção dos processos de elaboração literária: **EM13LP48.**

A convivência de objetivos diversos obriga tanto as editoras de didáticos como o professor a montar quadros complexos para que se estabeleça um diálogo entre conteúdo, área, campo, habilidades e competências. Há que se levar em conta, ainda, a compreensão da história a partir do texto literário e não o contrário. O problema é que, com isso, se privilegiam as leituras mais aprofundadas e se evitam os excertos (o que, em tese, inviabiliza o uso do texto literário no contexto do **LD**), privilegiando-se também a inserção de novos contextos e novas modalidades de escrita.

Ao priorizar o cânone e seu poder educativo, de acordo com o texto da BNCC, o professor deverá ampliar seu espectro de manifestações da tradição. Para a BNCC deve-se considerar a formação de leitores fluentes; principal sentido do trabalho com literatura. Tal postura aponta, de alguma forma, para certa prevalência do cânone – o que, evidentemente, não significa um cárcere canônico.

Além disso, o documento considera que é fundamental que se organize as sequências didáticas de modo a criar espaço para a manifestação do aluno e sua elaboração cognitiva. Assim, a visão proposta pela BNCC traz a dimensão do performativo para a abordagem do processo de aquisição da competência leitora e de escrita. Perceba que neste sentido podemos observar certa ambiguidade na construção do referido documento no que se refere ao trabalho com a literatura. Pois, afinal, devemos privilegiar o cânone, na busca por um leitor fluente na norma padrão da LP ou devemos nos dedicar a montar um trabalho em sala de aula que adote um caráter performativo e, portanto, artesanal da literatura; na tentativa de produzir alunos capazes e interessados em produzir literatura?

Veja que ao esmiuçar a proposta da BNCC como fizemos acima, nos deparamos com algo que não é propriamente novo ou desconhecido. Por isso, e para não ficarmos estacionados na impressão da abstração pura é que a conjugação da Teoria da Recepção com a tradição aristotélica, continuam sendo uma saída para o professor, pois o que se vê, na análise do documento, é apenas uma mudança na compreensão do que são: o professor e o aluno.

- O professor: mediador
- O aluno: protagonista

Por outro lado, o conteúdo, por si só, não corresponde a uma vivência, dado que se trata de uma produção já acabada (ainda que recente); e, portanto, confinada no passado. Para trazer um caráter vivencial ao conteúdo, deverá haver produções literárias por parte das coletividades de alunos a partir das quais cada indivíduo saia da condição passiva de leitor para a de protagonista.

É bem certo, no entanto, que uma educação literária, tal como entendemos aqui e como entende a BNCC, enfatiza a experiência vivenciada com o texto literário. No entanto, é preciso que você fique atento, pois, isso diverge do que se vê há décadas na educação brasileira, há muito dominada pela indústria do livro didático, por um lado, e pela má formação e difíceis condições de trabalho docente, por outro. Neste sentido, as propostas parecem meras abstrações. Daí a necessidade de não nos afastarmos das sólidas bases das teorias aristotélicas e da Teoria da Recepção.

> ### REFLEXÃO
>
> Um descompasso perigoso se instala no universo do EM brasileiro já tão sucateado, e aponta para uma ausência profundamente comprometedora das Licenciaturas que, cada vez mais – e, sobretudo na modalidade remota – se pautam pela não reflexão, pela não discussão, pela repetição alienada de meia dúzia de conteúdos dispostos em pequenas apostilas padronizadas e brevíssimas aulas gravadas e roteirizadas (sem que haja, já aqui, a vivência acadêmica e o diálogo entre os pares); em resumo: pelo não preparo dos futuros docentes para os inúmeros desafios com os quais irá se defrontar. Afinal, por muito que o dia a dia do aluno da Educação Básica deva pautar-se pela vivência da prática literária, isso não significa que o professor não precise dominar horizontal e verticalmente os conteúdos (literários, teóricos literários, contextuais e, também, os pedagógicos); uma vez que, ao não dominar, ele não poderá se desvencilhar dos obstáculos diários que a sala de aula propõe. Além disso, não se pode desconsiderar que a prática docente é uma atividade relacional, o que pressupõe – ou ao menos, deveria – uma formação igualmente relacional para o futuro docente.

8.2   ENSINO E APRENDIZAGEM LITERÁRIA NO CONTEXTO DOS ITINERÁRIOS FORMATIVOS

O Ensino e a aprendizagem da literatura no contexto dos itinerários formativos (IF) estão, como você já sabe, relacionados ao Novo Ensino Médio, cujas linhas mestras estão preconizadas na BNCC. Em sendo assim, para começar nossa conversa é preciso que você observe que há 4 eixos estruturantes sobre os quais os IF estão pensados:

- Investigação Científica
- Processos Criativos
- Mediação e Intervenção Sociocultural
- Empreendedorismo

Tais eixos contemplam diferentes habilidades que estão relacionadas às Áreas do Conhecimento e à Formação Profissional e Tecnológica que devem ser implementadas em cada unidade escolar a fim de proporcionar aos estudantes a investigação da realidade, em particular, no que se refere à escolha profissional de cada indivíduo a fim de fomentar o desenvolvimento de seu projeto de vida. Isso porque, os IF representam uma parte mais flexível dos currículos, na qual se propõe aos estudantes a possibilidade de explorar gostos e habilidades pessoais; bem como, projetos de vida individuais e singulares.

É bem verdade que a literatura no contexto educacional brasileiro recente vem, desde os PCN, diluída no domínio da leitura e do letramento, com ênfase significativa sobre a noção de gênero literário e propostas de trabalho pouco sistematizadas. De todo modo, uma educação literária está inserida no contexto da área de **linguagens e suas tecnologias**, no campo da língua portuguesa, compreendendo os seguintes campos de atuação; seja na FGB ou nos IF.

- Campo da vida pessoal
- Campo da atuação na vida pública
- Campo jornalístico-midiático
- Campo das práticas de estudo e pesquisa

Campo artístico-literário (que é o que aqui nos interessa, uma vez que a literatura se insere aqui, os IF propõem uma ampliação do contato, convívio e análises mais fundamentadas). Neste sentido, ao observarmos o aspecto espiralado que a BNCC propõe para o binômio ensino-aprendizagem verificamos que há uma proposta de progressão da aprendizagem. Assim, uma proposta de educação literária deverá obedecer aos seguintes critérios:

- Enfatizar o desenvolvimento paulatino da complexidade das práticas de linguagem e dos fenômenos sociais que repercutem na linguagem;
- Estabelecer o aumento da complexidade dos textos quanto à temática, estruturação sintática, vocabulário, recursos estilísticos etc.;
- Promover a ampliação de repertório, considerando a diversidade cultural em língua portuguesa e em outras línguas e culturas;
- Considerar a inclusão de obras da tradição literária brasileira e suas referências ocidentais – em especial de Portugal –, assim como obras mais complexas da literatura contemporânea e das literaturas indígena, africana e latino-americana.

A BNCC assinala 10 competências gerais inter-relacionadas que se desdobram nas três etapas (EI, EFAI/EFAF e EM) num movimento espiralado de aprofundamento do conhecimento. É bem certo, contudo, que a proposta de ensino por competências diminui a fragmentação de conteúdos trabalhados em sala de aula. Por conta disso, a possibilidade do desenvolvimento dessas competências relaciona-se à indicação de quais habilidades, atitudes e valores o estudante deve demonstrar em cada etapa.

> ### ATENÇÃO
>
> Ao analisarmos a BNCC em sua proposta de desenvolvimento de competências pela via do progresso, melhor dizendo, da progressão das habilidades devemos considerar algo muito importante que se relaciona diretamente à ideia de educação literária: Por meio da literatura, é possível se colocar em prática o conceito de integração de saberes, proposto pela BNCC.

Vejamos então; se na FGB temos a literatura presente no desenvolvimento de habilidades específicas relacionadas ao campo artístico-literário, nos IF a literatura irá aparecer no itinerário de linguagens ou o itinerário de linguagens em diálogo com outras áreas do saber; por meio das eletivas (naqueles componentes ofertados pela Rede e/ou elaborados pelos professores); e, ainda, na vivência dos eixos estruturantes específicos dos IF (investigação científica, processos criativos).

Dentro desse universo o estudante poderá optar, no contexto dos IF, uma ampliação ou aprofundamento do processo de ensino/aprendizagem do componente Literatura em 3 diferentes oportunidades, desde que oferecida na sua escola:

- Projeto de Vida (componente obrigatório para definição das escolhas)
- Trilhas de aprendizagem (escolha do aluno)
- Eletivas (escolha do aluno, de acordo com o itinerário escolhido)

Seja como for, importa que você esteja por dentro dos modos de funcionamento das propostas governamentais para a Educação Brasileira.

> **DICA DE LEITURA**
>
> Para saber como funciona o PNLD no contexto da BNCC acesse:
>
> E.M. https://abrelivros.org.br/site/wp-content/uploads/2020/10/2020_Como_funciona_o_PNLD.pdf
>
> E.I. https://www.companhiadasletras.com.br/PNLD/educacaoinfantil/

A leitura dos documentos governamentais e o amplo conhecimento das políticas públicas na educação brasileira são aspectos importantes de sua formação. Um bom conhecimento de todas essas questões amplia suas possibilidades de sucesso em sala de aula.

Assim, vejamos a seguir e a título de exemplo, a proposta do governo do Estado de São Paulo para os estudos literários no Novo EM, no contexto dos IF:

APROFUNDAMENTO CURRICULAR EM LINGUAGENS E SUAS TECNOLOGIAS | EMENTA GERAL

#SeLiganaMídia

Unidade Curricular 2: Muito além das palavras.

A partir da curadoria, você investigará e participará de processos de produção e criação, orientados por questões como: De que formas a literatura de diferentes temporalidades e culturas cria representações sobre o corpo? Como colocar nossas leituras em diálogo com a crítica literária? Como produzir crítica literária? De que forma o corpo é representado nas produções culturais que consumimos: filmes, músicas, poemas, contos, romances etc.? Quais as matrizes culturais de lutas e de danças praticadas no Brasil? Como as lutas e as danças estão presentes nas culturas juvenis contemporâneas? O que essas práticas me trazem de autoconhecimento e de conhecimento do outro?

Componente 1: Crítica e Literatura em ação (2 aulas semanais)

Apreciação (avaliação de aspectos éticos, estéticos e políticos em textos e produções artísticas e culturais etc. que circulam no campo artístico-literário). /Réplica (posicionamento responsável em relação a temas, visões de mundo e ideologias veiculados por textos e atos de linguagem que circulam no campo artístico-literário). / Crítica literária. Literatura brasileira. / Planejamento, produção e edição de textos orais, escritos e multissemióticos (análises, resenhas críticas, *podcasts*, vídeos, avaliações, resumos etc.)

Quais professores podem ministrar este componente:

Língua Portuguesa ou Língua Inglesa ou Língua Espanhola ou Arte

Componente 2: Clube de estudos das representações culturais (2 aulas semanais)

Apreciação (avaliação de aspectos éticos, estéticos e políticos em textos e produções artísticas e culturais que circulam no campo artístico-literário e audiovisual). Réplica (posicionamento responsável em relação a temas, representações, visões de mundo e ideologias veiculados por diferentes gêneros textuais e atos de linguagem que circulam no campo artístico-literário e audiovisual). Planejamento, produção e edição de textos orais, escritos e multissemióticos (análises, resenhas críticas, avaliações, resumos etc.). Leitura e compreensão de textos escritos e multissemióticos (filmes, animações, curtas, músicas, letras de música, poemas, contos, romances etc.).

Quais professores podem ministrar este componente:

Língua Inglesa ou Língua Portuguesa ou Arte

Fonte: GOVERNO DO ESP – *Itinerários Formativos Catálogo das Ementas detalhadas dos Aprofundamentos Curriculares* – Disponível em: https://novoensinomedio.educacao.sp.gov.br/assets/docs_ni/Catalogo_Detalhado_dos_Aprofundamentos_Curriculares_final.pdf

Você poderá ampliar seu conhecimento sobre as propostas do Governo do Estado se São Paulo na Dica de leitura a seguir. No entanto, sugerimos que faça outras buscas, para observar como os diferentes governos estaduais vêm manejando as novas propostas curriculares.

DICA DE LEITURA

Governo do ESP – *Itinerários Formativos Catálogo das Ementas detalhadas dos Aprofundamentos Curriculares* – Disponível em: https://novoensinomedio.educacao.sp.gov.br/assets/docs_ni/Catalogo_Detalhado_dos_Aprofundamentos_Curriculares_final.pdf

8.3   FORMAÇÃO DO LEITOR LITERÁRIO NA EJA

Como você já sabe, a **EJA** – Educação de Jovens e Adultos – é uma modalidade da Educação Básica que tem por objetivo oferecer oportunidade de estudos àqueles que não tiveram acesso ou continuidade desse nível de ensino na idade apropriada, de modo a prepará-las para o mercado de trabalho e o pleno exercício da cidadania. Tal oferta educacional proporciona oportunidade apropriada de estudos, considerando perfil, interesses, condição de vida e trabalho, conforme preveem as políticas públicas e documentos legais no país. (BRASIL, 1996; 2000; 2006)

No sentido acima aludido o letramento como estado ou condição de quem não apenas sabe ler ou escrever, mas cultiva e exerce as práticas sociais que usam a escrita (SOARES, 2004, p. 47), para ecoar as palavras certeiras de Magda Soares significa, igualmente, a possibilidade de inserção de cada indivíduo no mundo. Assim, a escola deverá desempenhar um papel; qual seja, o de possibilitar o acesso às diferentes modalidades de letramento. O letramento literário é uma dessas modalidades.

E, como já explicitado em tópicos anteriores, a literatura tem um papel fundamental na formação humana dos sujeitos; seja na humanização frente ao outro, seja no processo de construção de uma identidade pessoal. Assim, cumpre igual papel na vida do estudante da EJA.

É Cosson quem afirma que leitura literária por fruição e educação literária são coisas diversas; ou mais precisamente: dimensões diferentes de uma mesma prática social. Diz o autor:

> [...] o literário é uma prática social e, como tal, responsabilidade da escola. A questão a ser enfrentada não é se a escola deve ou não escolarizar a literatura, como bem nos alerta Magda Soares, mas sim como fazer essa escolarização sem descaracterizá-la, sem transformá-la em um simulacro de si

> *mesma que mais nega do que confirma seu poder de humanização (COSSON, 2006b, p. 23).*

Assim, o papel do professor é fundamental para despertar esse público fazendo uso de novas metodologias que atendam as necessidades dos estudantes dessa modalidade, já que boa parte deles, além da ausência do domínio de leitura e escrita, tem um tempo restrito para levar seus estudos adiante. O professor deverá, deste modo, atuar como mediador do processo de construção do conhecimento, fazendo uso do que Paulo Freire chamou de "método ativo, dialógico, crítico e criticista" (FREIRE, 1979, p. 39).

Adotando tal perspectiva um letramento literário no contexto da EJA deverá adotar um projeto pedagógico que adote como premissas:

- Uma modelagem multiculturalista
- A capacidade de valorizar e reconhecer a complementaridade entre saber acadêmico/escolar e saber informal (contexto sociocultural do aluno)
- A experiência de vida da coletividade de alunos

Na esteira de tal projeto pedagógico deve-se pensar em um currículo cuja abrangência se vincule ao contexto de vivência do público-alvo; vale dizer: que seja significativo para aquele grupo de alunos. Assim, sendo a literatura um direito básico de qualquer sujeito, para parafrasear Antônio Candido, deve estar presente também na EJA visando a formação integral dos sujeitos.

Para que a literatura se configure parte integrante do cotidiano e da vida do aluno da EJA é preciso que a escola se encarregue de criar as condições necessárias para tal aluno, cuja história de vida já é, *de per si*, adversa. Assim, cabe aportar uma educação literária que leve em conta os saberes prévios deste aluno já em idade mais avançada que o contexto escolar inicial, sua visão de mundo relacionada à vida cotidiana e influenciada pelos traços culturais de sua origem, vivência social, familiar e profissional.

Neste sentido, cabe ao professor da EJA trabalhar com práticas de leitura que ultrapassem os limites da decodificação para formar um leitor capaz de fazer relações do texto com seu contexto. Além disso, é importante considerar que o aluno de EJA não será alguém interessado em **LIJ** (Literatura infanto-juvenil) como os alunos do ensino regular (EI, EFAI, EFAF). Assim, boa parte do repositório das escolas ou das bibliotecas não será de muita serventia para tal público. Por conta dessa questão, fica o professor desafiado a buscar textos que atendam as necessidades deste público, bem como, a buscar fundamentação teórica e metodológica para o seu exercício docente.

Seguimos pensando, neste sentido, na leitura literária como uma dimensão significativa da cultura. Afirma Regina Zilberman (2008), que uma educação literária fundamentada na leitura e resultante em uma prática dialógica, talvez seja tão utópica quanto qualquer outro projeto educacional em nosso país; afinal, a escola ainda é um ambiente negligenciado pelas políticas públicas. Só nos cabe concordar com as apreciações da pesquisadora gaúcha.

O letramento literário na EJA deverá ocorrer para além de uma leitura funcional, de uso cotidiano, dado que a leitura literária constitui atividade de síntese, permitindo a cada sujeito vislumbrar os processos de alteridade sem se esquivar dos seus próprios processos subjetivos e históricos. Veja que há algo importante a se considerar aqui: é preciso, também no âmbito da EJA, tornar o acesso aos bens culturais um fato concreto – entre os quais, o acesso à literatura, dado que tal acesso se constitui uma dimensão do direito humano, que a escola também deve salvaguardar e defender.

<obras de Manuel de Barros>
Capas de livros – Manuel de Barros – Disponível em: https://br.pinterest.com/
pin/817966351061194188/

Neste sentido, vale refletir sobre a formação docente, que deverá prover as condições mínimas para tais professores do ponto de vista teórico-metodológico, mas também no que respeita às reais condições e necessidades de espaço e tempo de aprendizagem desses alunos. Vale dizer: o papel do professor é fundamental para o desenvolvimento de uma educação literária na modalidade da EJA. Assim, pode-se projetar a ideia de que que o texto literário possa fazer sentido para esse leitor, contribuindo para uma ampliação da sua leitura de mundo.

CAPÍTULO 9
PEQUENA BIBLIOTECA DE AUTORES E ATIVIDADES I

A partir deste momento iremos traçar, a título de exemplos, itinerários literários diversos, entre canônicos e não canônicos, mais remotos ou mais recentes etc. O mundo da literatura é vastíssimo. Assim, o que iremos propor aqui e nos capítulos subsequentes são meras sugestões de autores, obras, atividades e, porque não dizer, olhares a respeito da literatura. Partindo desses estudos, você poderá montar a sua biblioteca de autores e obras, ampliada pelas suas propostas de atividades e pelo seu olhar. Vale dizer: o que propomos aqui, a partir de determinado repertório, é uma reflexão das possíveis boas técnicas de trabalho em sala de aula para a promoção de uma educação literária para alunos do EM brasileiro, na qual a interpretação do texto literário se faça presente.

Uma coisa, aliás, é importante de se mencionar: muitas vezes temos propostas de trabalho para uma educação literária em sala de aula que resgata um texto canônico, já conhecido. Contudo, a proposta e mesmo a leitura da obra se verificam totalmente novas, por conta de um novo olhar que se inaugura e que se propõe aos alunos, para a leitura de velhos textos. Assim, veremos, por exemplo, e entre outras hipóteses, o que uma proposta canônica de estudos de literatura brasileira pode aportar de novo.

9.1   LITERATURA BRASILEIRA

Vamos falar de literatura brasileira, mas, antes de iniciar cabe formular uma pergunta que sirva de ponto de partida: As primeiras manifestações literárias se configuram um prelúdio para a literatura brasileira?

Bem, são mais de 500 anos de literatura!! E o início desta história remonta aos anos 1500, quando a Europa vivia, do ponto de vista dos costumes e da cultura, o Quinhentismo. Eram tempos do chamado Renascimento das artes – inspirado na Antiguidade greco-latina e do Humanismo, forma de pensamento da época, que mesmo considerando a absoluta crença em deus presente nas culturas europeias, entendia que o Homem era o centro de tudo. Na política, a Europa era regida por centros monárquicos com importante participação do clero. O Quinhentismo corresponde também ao conhecido período das grandes navegações. Dessas grandes navegações participaram portugueses e espanhóis. E, em sua chegada ao Novo Mundo, à terra da Vera Cruz, os portugueses que estavam inseridos nesse modelo de civilização europeu se depararam com um mundo muito, muito diferente.

E o que podemos chamar de Marco Inaugural da Literatura Brasileira, nesse contexto tão europeu? É a conhecida *Carta* de Pero Vaz de Caminha, em que o autor relata os mais diversificados aspectos da viagem transatlântica a bordo das naus lusitanas, das Caravelas, e as primeiras impressões da terra. E a terra recém-descoberta oferecia novas paisagens, uma flora e uma fauna exuberantes e desconhecidas e, o mais importante, um povo sem igual. Para além das diferenças fisionômicas, os habitantes locais tinham outros hábitos, outras crenças, enfim, outra cultura e outras formas de entender e organizar a sua civilização. Essa tensão, resultante do confronto entre duas culturas tão diferentes é um dos aspectos mais importantes da *Carta*. Esse mundo tão diverso pressupunha, necessariamente, outra língua, desconhecida para os portugueses. Pois foi a partir daí que a língua portuguesa começou a incorporar um novo léxico, oriundo das línguas faladas nas faixas litorâneas da costa brasileira: o TUPI – que ocupava uma enorme extensão que vai da região nordeste até São Paulo e o GUARANI, que era falado a partir da região paulista até o sul, ingressando para o interior do continente.

Mas, voltemos para a *Carta*. Podemos chamá-la de literatura? Quais são as possibilidades para a sua interpretação? Ainda hoje há controvérsias; às vezes é considerada como literatura e outras como história. O fato é que a *Carta de Caminha* foi compreendida, posteriormente, por José de Alencar e pelos modernistas como fonte de inspiração; e é aqui que reside a importância desta reflexão. Diferentes olhares sobre o mesmo texto. Assim, e acompanhando os estudos literários podemos dizer que os diferentes textos podem ser lidos subjetivamente, poeticamente. E isto porque a literatura é um conceito histórico. Daí que uma obra ou texto possa ser valorizada como literária ou não em determinado tempo ou lugar, em função de diferentes questões. É daí que resulta a ideia e a noção de cânone literário, a respeito da qual já falamos em outros momentos e que sempre, de uma forma ou outra, reaparecerá no nosso campo de reflexões.

Retomando o contexto da chegada dos portugueses ao Brasil, outros autores conformam o conjunto de textos que versam sobre as exuberâncias da terra brasileira. Entre eles, o Padre Anchieta, quem a partir de determinado momento fixa residência por aqui e será o primeiro a redigir poemas e cantigas em língua tupi, com a finalidade de catequização dos povos indígenas.

Mas, esta literatura inaugural que versa sobre a terra e suas águas, as matas e os bichos nativos é, principalmente, a literatura que irá estabelecer a síntese e a dimensão do estereótipo indígena que posteriormente tantas páginas de literatura brasileira irá ocupar. E isto é crucial para que a gente possa compreender a representação do indígena na formação do sistema literário brasileiro, que inclui autores como Gonçalves Dias, Alencar, Mário de Andrade e Guimarães Rosa. Mas é também crucial para entender a formação da nossa literatura; vale dizer: para compreender porque nosso desenvolvimento literário seguiu uns caminhos e não outros.

> ### REFLEXÃO
>
> Aqui cabe formular um duplo olhar: de um lado, compreender que a literatura brasileira se constituiu historicamente a partir da ideia de um índio estereotipado – e não podemos suprimir ou apagar este traço de nossa história – mas, por outro lado, precisamos, nos tempos que hoje correm, reorganizar o pensamento para compreender que esse indígena que compõe parte da população nacional não corresponde a tal estereótipo. Assim, mais valeria fazer uma leitura conjunta das obras canônicas da literatura brasileira indigenista do XIX ou colonial em uma leitura de cotejo com a literatura indígena produzida por autores contemporâneos como Daniel Munduruku ou Márcia Wayna Kambeba, por exemplo, além do trabalho em torno de todo um repertório de tradição oral indígena.

Voltemos ao cânone, então, a fim de observar que a visão de Anchieta apresentada nas *Cartas* enviadas à coroa era de envergadura muito europeia, que considerava o indígena um como um selvagem, como alguém inferior mesmo, e dado aos rituais antropofágicos. Por outro lado, na lírica do mesmo Anchieta o indígena é um ser passivo e prostrado diante da supremacia cristã. Outra importante consideração guarda relação com a linguística: as *Cartas* eram redigidas em português; só que, para explicar à coroa as coisas da terra era preciso incorporar léxico nativo a fim de alcançar uma melhor expressão da realidade. E a lírica catequista era escrita em tupi, para poder ser compreendida pelo nativo. Vale dizer: o que se constituía naquele tempo era já uma língua portuguesa em processo de mudança, se renovando por conta do Tupi e do Guarani.

< o indígena na literatura>
Capas de livros com tema indígena. Disponível em: https://adoropapel.com.br/2020/04/literatura-indigena/

E será esta visão impressa nos poemas, do indígena passivo e dócil, que decorrerá séculos mais tarde a atualização feita pelo Romantismo, na pena de Gonçalves Dias e José de Alencar. Na personagem *Iracema*, por exemplo, tal perfil para o indígena aparece consagrado como modelo de representação, construído sobre o arquétipo do bom selvagem. Pois, um pouco mais para frente, a visão difundida por alguém da importância histórica do Padre Vieira, foi igualmente fundamental para essa compreensão de que, ainda que dócil, o indígena é um ser desprovido de razão e que precisa, portanto, render-se ao modelo cristão para poder humanizar-se. É o caso de Peri, de **O Guarani**, do mesmo Alencar. Porém, além do aspecto religioso, Pe. Vieira imprime em sua obra a dimensão mítico-histórica da fundação do Quinto Império, sob a égide da coroa lusitana de Dom Sebastião. Assim, Vieira estabelece para o Brasil de então, certo sentimento de pertencimento a algo maior: Portugal. Tal sentimento de pertencimento, ao tempo do Romantismo de Basílio da Gama será atualizado para um *"sentimento brasileiro"*, como aparece em *O Uraguai* e, posteriormente, em parte da obra de Oswald de Andrade, e mesmo, nas artes plásticas modernistas, como na obra de Tarsila do Amaral, *Abaporu*.

Assim, a contribuição no traçado do primeiro perfil da imagem brasileira se deu na pena desses autores que, ainda vinculados aos laços ultramarinos e lusitanos, sem saber desenharam os primeiros rabiscos de um quadro que mais adiante, no século XIX, se revelará como uma espécie de mitologia nacional brasileira que foi se incorporando no universo literário como uma espécie de porta-voz do local, frente ao universal, revelando isso que chamamos de SENTIMENTO BRASILEIRO, conforme afirmou Antônio Candido.

Neste sentido, como poderíamos trabalhar em sala de aula o Quinhentismo literário ou literatura do descobrimento? Seguindo as propostas de desenvolvimento de habilidades da BNCC, em especial as habilidades **EM13LP01 e EM13LP48** caberia o uso das premissas da Literatura Comparada, a fim de cotejar textos de 2 ou mais períodos diferentes e observar as "assimilações, rupturas e permanências no processo de constituição da literatura brasileira e ao longo de sua trajetória..." (BNCC, 2018). No campo da produção discente, a essa análise de todo esse *corpus* temático voltado para os povos originários poderia resultar na organização de um *slam poetry* ou sarau temático, por exemplo.

9.1.1   Barroco ou Barrocos?

Outra leitura em cotejo pode ser realizada a partir da produção poética de Gregório de Matos Guerra, o eminente poeta do Barroco brasileiro. Pois muito bem: Gregório de Matos foi um poeta baiano que viveu no século XVII e é considerado por parte da crítica como a primeira voz importante da poesia brasileira.

> *DICA DE LEITURA*
>
> Para acompanhar este tópico acesse as poesias de Gregório de Matos:
>
> http://www.cespe.unb.br/interacao/Poemas_Selecionados_%20Gregorio_de_Matos.pdf

A obra de Gregório de Matos é tributária do Barroco, que alcança seu apogeu no séc. XVII e, no Brasil, estende-se até a segunda metade do séc. XVIII. De modo geral, a poesia de Gregório de Matos filia-se ao Barroco em suas duas diferentes dimensões: o **Cultismo** e o **Conceptismo**. Neste sentido, o poeta baiano construiu uma obra tributária, sobretudo, da poesia espanhola de Luís de Góngora e, em menor medida, de Francisco de Quevedo; ambos poetas importantes do Barroco espanhol.

<Luís de Góngora y Argote e Francisco de Quevedo>
Poetas do Barroco espanhol – Disponível em: https://www.zendalibros.com/
gongora-y-quevedo-la-verdadera-historia/

Além disso, era muito comum Gregório de Matos traduzir e apropriar-se de versos alheios. Isso porque Gregório de Matos era um poeta do século XVII, herdeiro do Classicismo quinhentista. Por isso mesmo, adotava o princípio estético-poético da **Imitatio**. Enfim, o poeta baiano aproveita as convenções poético-retóricas mais expressivas da sua época trazendo-as para a sua obra; são elas:

- As metáforas na composição do retrato da mulher (cabelos dourados como o sol etc.) e o uso do soneto petrarquista em versos decassílabos;

- A construção de poemas em forma de romances ou décimas gongóricas (de Góngora) e os lugares-comuns temáticos, como o desengano e a brevidade da vida;

- O *tropos* horaciano (do poeta romano Horácio) do *carpe diem* e o uso da mitologia clássica;

- As figuras de linguagem e a metaforização constante;

Observe que, produções muito posteriores, como a poética de Haroldo de Campos ou as letras de canções de Caetano Veloso e parte da produção do letrista de canções Aldir Blanc, por exemplo, não podem ser compreendidas sem uma leitura da obra de Gregório de Matos e seu uso das figuras estilísticas em língua portuguesa. Eis aí o trabalho interpretativo.

Por outro lado, é preciso entender o lugar que o poeta ocupa na sociedade baiana da época; bem como, seu modo de olhar para esta mesma sociedade. Não por acaso, recebeu o apelido de **Boca do Inferno**! Com certeza, nenhum poeta ofereceu uma visão tão crítica da sociedade colonial quanto Gregório de Matos. Sua obra é recheada de um espírito satírico, que cultivou até o limite! A sua poesia satírica adotava um caráter ferino, crítico, sarcástico e obsceno é era dirigida a seus contemporâneos: governantes, religiosos, homossexuais, negros, brancos etc. Segundo o filólogo Segismundo Spina, a pornografia realista e escatológica de Gregório de Matos finca suas raízes nas cantigas de escárnio e maldizer do Trovadorismo; o que nos faz pensar em leituras conjuntas com a lírica portuguesa medieval. Já o crítico literário João Adolfo Hansen nos ensina que a poesia satírica deste poeta é pautada pelas convenções retóricas, que incluem desde o modo de escritura da sátira (retratos verticais, a linguagem chula, o rebaixamento do satirizado, a caricatura, o exagero hiperbólico etc.) até a lição moral e a veiculação da máxima horaciana que entende que a arte deve *ensinar e entreter*. É o famoso princípio horaciano do **DOCERE ET DELECTARE** que, curiosamente também serviria de máxima para explicar o que anima o espírito das metodologias ativas tão em voga no mundo educacional contemporâneo.

Por conta disso, considere como hipótese de pesquisa, para compreender a obra de Gregório de Matos e os conceitos poéticos da retórica barroca, a leitura de alguns poemas líricos e satíricos de Gregório de Matos, apoiados na leitura conceitual de termos retóricos e literários tais como: metáfora, hipérbole, conceptismo, cultismo, caricatura, *imitatio*, tropos, entre outros. Realizando essa pesquisa, você verá que a obra poética de Gregório pode ser entendida como um espaço privilegiado das formas de desenvolvimento da paródia e da intertextualidade, uma vez que se configura como uma obra aberta e se constitui de uma boa mistura de influências. De Petrarca – o sonetista italiano até o clássico Camões, e mesmo se considerarmos a presença de todas as marcas do Barroco espanhol, a poética de Gregório de Matos é, no final das contas, tributária de toda a poesia que o antecede.

Daí que há muitas hipóteses de trabalho com a sua obra. Em uma escola na qual a língua espanhola é parte integrante da grade do EM, por exemplo, pode-se trabalhar em conjunto com esta disciplina e desenvolver trabalhos no campo da tradução, por exemplo; além do cotejo dos contextos históricos e culturais Espanha/Bahia do século XVII. Outra hipótese é trabalhar o conceito de *imitatio* em confronto com a ideia de plágio. São formas de trazer elementos do passado para uma discussão vinculada ao presente, o que certamente irá agradar mais ao público jovem contemporâneo, trazendo um maior interesse nos estudos literários.

9.1.2   Formações da Literatura Brasileira

O Brasil literário foi, por muito tempo, uma colônia da literatura portuguesa. Apesar disso, ainda durante o período Colonial trazia uma leitura bastante própria e peculiar das propostas estéticas da Metrópole. Vejamos os dois momentos importantes que definiram os principais traços dessa apropriação que acabaram por desenhar o perfil de nossa literatura, cujos estudos contemplam diferentes propostas previstas nos documentos legais no campo da Educação Básica.

9.1.2.1 O Arcadismo: Cláudio Manoel da Costa e a paisagem mineira.

Quando falamos em Arcadismo podemos direcionar o foco para diferentes autores. Aqui falaremos de Claudio Manuel da Costa, mas seria possível tomar outros exemplos.

> **DICA DE LEITURA**
>
> Para acompanhar este tópico faça a leitura integral do poema Vila Rica.
>
> Disponível em: http://www.dominiopublico.gov.br/download/texto/fs000043.pdf

Chegamos ao século XVIII e vamos adentrar o sertão das Gerais. Vale dizer: vamos falar do poeta mineiro Claudio Manuel da Costa, de sua relação com a Inconfidência Mineira, mas também com o sertão mineiro, com a paisagem desbravada pela economia da mineração, o conhecido **Ciclo do Ouro**. Para começar é possível dizer que os poetas inconfidentes podem ser lidos de diferentes perspectivas, como a questão da inconfidência, o contexto social e histórico das Minas Gerais que carregava conjunturas sociais, políticas e econômicas específicas, entre inúmeras outras.

Contudo, o interesse aqui é observar a questão literária posta em diálogo com a geografia mineira, sertaneja. E se *o sertão é o mundo todo*, como mais tarde dirá Guimarães Rosa, em *Grande Sertão: Veredas* é possível dizer que sua caracterização surge a partir do século XVIII e da obra poética do árcade Claudio Manuel da Costa. Caracterizada como região inóspita e desconhecida até que os metais preciosos fossem descobertos, o sertão passou a ser visto no século XVIII e teve no **Ciclo do Ouro** seu momento áureo, despertando o interesse de desbravadores e da Coroa. Assim, é possível interpretar que o sertão se configura como uma realidade simbólica: uma ideologia geográfica, o que já define um perfil voltado para a especificidade brasileira; e aqui cabe um parêntese: Perceba que essa ideologia geográfica que ingressa na literatura em obras como **Vila Rica** ou **Grande Sertão: Veredas**, não é diversa daquele presente em **A Guerra dos Tronos** (o continente de *Westeros*), na Baker Street 21B de Sherlock Holmes ou no Rio de Janeiro de toda a obra de Lima Barreto, conforme magistralmente explicitado por Osman Lins no seu conhecido texto "Lima Barreto e o espaço Romanesco". Do ponto de vista estético-literário, vale dizer: um **topos**. E a importância atribuída à paisagem, à natureza do país na literatura brasileira tem início, a bem dizer, com a obra do arcadista mineiro, mas permanecerá na voz de praticamente todas as gerações posteriores de escritores. Essa relação com a paisagem, com o lugar, será uma marca no Romantismo, no Modernismo, no Regionalismo da mais variada cepa, entre outros momentos posteriores da literatura brasileira.

Nesse sentido, **Vila Rica** de Cláudio Manuel da Costa cumpre o papel de aliar espaço e texto usando o estilo épico. Em **Vila Rica**, vê-se que o poeta retoma o Classicismo ao compor um texto que glorifica feitos heroicos, descreve a natureza, sua geografia e história e demonstra um orgulho nacionalista por ter vencido as dificuldades de se penetrar o sertão. A obra reconta a história da Inconfidência a partir de seus participantes. E, principalmente, o poeta procurou valorizar as belezas naturais locais, mostrando-se encantado pela paisagem. Assim, além da descrição detalhada de algumas localidades, como as vilas e arraiais que ocupavam o caminho das Estradas Reais por onde circulavam as pedras preciosas, o poeta mapeou e valorizou o território nacional. Sua visão do mundo refletiu-se no texto literário, revelando percepções, opiniões e posições diferenciadas acerca daquela realidade, aspectos fundamentais do processo de construção da nacionalidade e da territorialidade brasileiras que, a partir do Arcadismo invade praticamente toda a literatura do país. Um poeta árcade mineiro que viu no mito literário um canal para a expressão de sua sensibilidade poética e para as reivindicações de seu tempo, mediante a apropriação de um discurso alheio – o Clássico, que se torna instrumento em suas mãos.

Neste momento quero chamar a sua atenção para uma coisa: observe como o poema *Vila Rica* oferece um impressionante universo para se trabalhar a interdisciplinaridade em sala de aula; pois veja: em diálogo com as disciplinas de história, geografia e artes plásticas é possível pensar em se produzir uma exposição multiclasses com o mapeamento das Minas Gerais do século XVIII. A Estrada Real que vai de Minas a Paraty, no Rio de Janeiro, o mapa da exploração de pedras preciosas, a formação dos diferentes territórios quilombolas; muitos deles existentes até os dias atuais ou, até mesmo, explorar aspectos contemporâneos da mineração relacionados ao rompimento da barragem em Mariana/MG em 2015, por exemplo, contemplando os temas transversais contemporâneos, conforme propõem as novas diretrizes para o EM.

Segue, então, neste sentido a proposta dessa leitura do cânone brasileiro. Reza a habilidade **EM13LP48 da BNCC que é preciso diversificar repertórios visando**

Identificar assimilações, rupturas e permanências no processo de constituição da literatura brasileira e ao longo de sua trajetória, por meio da leitura e análise de obras fundamentais

> do cânone ocidental, em especial da literatura portuguesa, para perceber a historicidade de matrizes e procedimentos estéticos. (BNCC, 2018)

Assim, o que se propõe aqui uma vez mais é fazer uma leitura do passado, tendo em vista o presente (e há várias possibilidades de se fazer isso). Importa analisar o que do passado literário ainda reverbera, o que produz ou produziu em determinado momento a possibilidade de criação de intertextos e/ou inter-discursividade, por exemplo. Neste caso, seria, entre outras hipóteses, verificar como a obra de Guimarães Rosa dialoga com a obra do poeta árcade do século XVIII.

9.1.2.2 Romantismos

Com o chamado Romantismo chegamos ao fundamental século XIX. Mas, para começar queria retomar a questão do *Cânone* como conceito que é fundamental para qualquer trabalho docente com literatura em sala de aula. Como você deve se lembrar, trata-se de um termo de origem bíblica que designa um conjunto de textos considerados teologicamente verdadeiros, e cujo significado é regra, modelo. Assim, define o que a tradição autoriza como exemplar; como bom. Posteriormente, migra para o campo literário designando um conjunto de textos dotados de características sancionadas como literárias e modelares, em função de processos socioculturais realizados em marcos institucionais e históricos específicos.

Mas, como se esboçou o *cânone* brasileiro? Justamente, isso se deu a partir do século XIX, com o Romantismo; pois foi durante esse período, que tendências literárias como o *Indianismo* e o *Sertanismo* empreenderam um esforço consciente para captar a cor local, o *ethos* – ou seja, os modos de ser e estar do brasileiro, levando-os para a literatura. Na verdade, o Romantismo tinha um cunho nacionalista e postulava o respeito à cultura e história nacionais. Por conta disso, poderíamos dizer que a ideia de uma literatura nacional "caiu como uma luva" às necessidades políticas, estéticas e ideológicas da elite intelectual do século XIX, que tendo formalizado a independência do Brasil, necessitava criar um discurso identitário nacional. Eis porque, uma literatura com tal recorte acaba por se transformar em *cânone* nacional. Eis porque, a escolha das obras, procurava ajustar o conceito de exemplar a uma representação que correspondesse aos anseios nacionalistas.

Pois muito bem: se na Europa o historicismo romântico se debruçou sobre a Idade Média, no Brasil se dirigiu ao passado indígena, eleito elemento unificador da identidade nacional. Só que essa identidade esteve sempre comprometida com símbolos da cultura europeia; por exemplo: o bom selvagem foi também submisso à cultura do colonizador. A cultura verdadeiramente indígena, como nos ensina Alfredo Bosi, foi sacrificada; como se vê em **O Guarani** e em **Iracema**. Em nome do amor, os traços de violência do colonizador são apagados e a única nobreza heroica do índio passa a ser a do sacrifício. E aqui chamo novamente a atenção para os perigos do apagamento do passado. Em que pese não se tratar do politicamente correto aqui, o apagamento do passado proposto por autores do XIX é evidente. E com isso, apaga-se da história a violência cometida em nome da colonização, mas também os traços distintivos da cultura indígena; muitos dos quais permanecem em nós, sem que tenhamos sequer consciência. Por isso, reprisar determinado tipo de postura hoje, como a ideia de eliminar tais obras do currículo ou modificar seu texto com o intuito de "não reproduzir" racismo ou violações ocorridas no passado significa, no limite e uma vez mais, apagar o passado. E, lembremo-nos, o que é apagado, deixa de existir.

De todo modo, um dos propósitos centrais do Romantismo foi o de construir discursos capazes de fornecer ao imaginário brasileiro, o desenho de um SER nacional, o que gerou uma dupla exaltação: de um suposto Brasil e de certa literatura, tida como brasileira. Tal nacionalismo, é bom lembrar, foi retomado no entorno dos anos 1922, pela primeira geração modernista, e por toda uma geração de críticos literários surgidos a partir de 1940, construindo um cânone comprometido com tal espírito. Mas, é preciso dizer que com o tempo movimentos literários plurais foram surgindo e outros cânones foram sendo produzidos além daquele relativo à nacionalidade, iniciado no seio do Romantismo.

> ### *ESTUDO DE CASO*
>
> Trago aqui uma inquirição reflexiva para que todos possam pensar: os livros didáticos também se apoiam na ideia de cânone – e nas diversas listas de nomes de obras e autores canonizados, para elencar o seu próprio cânone de obras e autores a serem usados em sala de aula. Os professores, em geral, seguem o que os livros determinam. Reflita a respeito, e procure discutir com seus colegas o que seria um bom cânone ou bons cânones para um trabalho de educação literária no Ensino Fundamental II e no Ensino Médio atuais, usando autores e obras de diferentes épocas da literatura brasileira como *corpus*.

O Brasil conquistou sua independência em 1822, mas ainda não tinha definido sua identidade. Por conta disso, a Literatura vai assumir papel decisivo na definição dessa identidade. Na verdade, foi um período de efervescência das nacionalidades em todo o ocidente, a partir do surgimento dos modernos estados nacionais. O Brasil, assim como todo continente americano, não ficou de fora dessa onda nacionalista que começou no Velho Mundo. No entanto, nossa formação da nacionalidade tem peculiaridades em relação à Europa. A nossa concretização teve início mesmo em torno da **Revista Nitheroy**, lançada em 1836. Vale dizer, foi a partir da publicação dessa revista que se inaugurou o Romantismo no Brasil desencadeando os primeiros movimentos nacionalistas que buscavam uma originalidade que nos diferenciasse de Portugal. Esse movimento que fundia literatura e política, seguindo os moldes do Romantismo europeu, tinha como objetivo criar a originalidade brasileira seguindo as sugestões temáticas – no caso o povo indígena que, por aquele tempo, era chamado de "índio" – indicadas pelos escritores do Velho Mundo. Mas o grande responsável por dar um passo adiante na constituição de uma literatura e identidade brasileiras foi José de Alencar, símbolo dessa verdadeira revolução literária, cuja responsabilidade foi ter elevado a literatura nacional em seus moldes definitivos. Alencar foi o centro deste campo intelectual, o homem que desestabilizou o grupo da **Revista Nitheroy** para se estabelecer como o centro do novo grupo de escritores que daria a continuidade ao processo de formação da literatura brasileira.

Há algo importante e que faz referência direta à influência do pré-romantismo europeu sobre a literatura e, especialmente, Alencar; trata-se do ideário que propunha reconhecer e ressaltar aquilo que nos caracterizava como nação, que constituía a nossa cultura, tradições, costumes e as nossas relações, fazendo com que nos reconhecêssemos como um povo único, particular. Os escritores passam a pensar critérios para definir "o que é o Brasil" e "o que é ser brasileiro". A verdade é que se pensarmos no lugar da Literatura na construção do "espírito nacional", podemos concordar que ela foi crucial para o reconhecimento de um "Instinto de Nacionalidade", como Machado de Assis perceberia décadas mais tarde. E isso porque as narrativas da nação fornecem "histórias, imagens, panoramas, cenários, eventos históricos e simbólicos que representam as experiências partilhadas, que dão sentido à nação" De fato, a literatura romântica, principalmente a obra de José de Alencar, constrói essa narrativa da nação, ressaltando elementos que contribuem para a representação das experiências comuns aos brasileiros.

Inspirados pela Independência, os autores do Romantismo evidenciam as belezas e os talentos brasileiros. Para romper com a estética árcade, interpretam a realidade pelo filtro da emoção. Combinada à originalidade e ao subjetivismo, a expressão das emoções definirá os princípios da nova produção artística. O sujeito romântico considera a imaginação superior à razão. Assim, a ideia de **ORIGINALIDADE** substitui a ideia de **IMITATIO**. É a partir dessa perspectiva que o índio é eleito como símbolo de nacionalidade, de heroísmo pátrio.

Antônio Candido, na sua ***Formação da literatura Brasileira***, define nossa literatura como "uma síntese de tendências universalistas e particularistas". Essas tendências denunciariam os anseios das elites nacionais de representar e inserir o Brasil no contexto das chamadas "nações civilizadas ocidentais". Deste modo, o primeiro Romantismo brasileiro ficou marcado pela influência da Independência do Brasil. E esse sentimento patriótico visava a identificação de suas obras com raízes históricas, linguísticas e culturais e com a proposta de construir uma arte bem brasileira. Com isso há uma busca pelas origens, bem marcada pelo Indianismo e pela fauna e flora locais, exaltando a ambos. O índio como herói, embora idealizado com características do "homem civilizado", era o representante do "ser brasileiro" original. Neste sentido, o maranhense Gonçalves Dias pode ser considerado o criador da linguagem poética romântica no Brasil. Seu conhecimento da língua indígena, mas também das coisas do Brasil proporcionou enorme possibilidade de trato com a língua portuguesa usada no Brasil, seus ritmos, suas entonações e sua riqueza. A incorporação de vocabulário tupi na linguagem poética de língua portuguesa confere à sua obra um aspecto totalmente novo. Integrante da 1ª fase do Romantismo, sua obra enquadrou-se na chamada temática "americana" incorporando paisagens e temas nacionais, ambientando-se na natureza local, recorrendo aos assuntos vinculados ao indígena e abrindo caminho para a formação de uma identidade cultural brasileira.

I-Juca-Pirama é uma obra-prima da literatura nacional e é, também, o ponto mais alto da poesia indianista. Seu conteúdo é narrativo e de grande apelo emocional. Assim, este poema dividido em 10 Cantos, cada um com métrica própria, expõe o caráter sacrificial das culturas nativas por meio de seu título em tupi: *I-Juca-Pirama*, ou seja, "aquele que é digno de morrer". Esta visão mais próxima do povo indígena e sua cultura, ainda que idealizada pelo gosto romântico, reflete o pensamento ocidental de honra típico das novelas de cavalaria. Como já visto anteriormente, se o homem europeu podia encontrar na Idade Média as origens da nacionalidade, o mesmo não ocorria com o brasileiro. Talvez por isso, a volta ao passado junto ao culto do bom selvagem, encontra no indígena o símbolo para a realização heroica do passado.

Usando da técnica do *flashback* o poema canta em 3ª pessoa as estórias de um corajoso guerreiro tupi que ia ser devorado pelos índios Timbiras em um ritual antropofágico. O velho Timbira, que aparece como narrador-testemunha, conta o drama de **I-Juca-Pirama**, índio Tupi aprisionado pela tribo inimiga que implora por sua libertação a fim de prosseguir cuidando de seu pai velho e doente. O chefe timbira aceita o pedido, mas humilha o prisioneiro. O pai do índio, por um dever de honra quer retratar-se junto aos Timbiras e nega o próprio filho, o jovem guerreiro que por fim luta com a tribo inimiga. Restituída por meio da luta a honra do guerreiro, pai e filho recobram a dignidade Tupi – leitura esta, de Gonçalves Dias, de caráter exacerbadamente medievalista, a do código de honra; o que permite essa leitura conjunta nas narrativas cavalheirescas e do Romantismo Indianista de Gonçalves Dias reconhecendo um caráter aventureiro nessas obras; leitura que certamente terá maior impacto no público adolescente. Eis aqui uma forma diversa e nova de olhar para uma obra do passado.

Por conta disso podemos dizer que exaltando as belezas naturais brasileiras, em plena efervescência da primeira fase do Romantismo e na busca de um herói nacional que representasse o sentimento nacionalista, Gonçalves Dias consolidou entre nós tanto o Romantismo como o indianismo, que por aquela época, dava seus primeiros passos.

Um pouco mais adiante, já durante o Segundo Reinado, no início dos anos 1850 começa a 2ª fase do Romantismo brasileiro, que ficou marcada como a geração influenciada pelo **Mal do Século**. Foi uma geração diferente, já que tinha uma postura contrária ao otimismo reinante na 1ª geração do Romantismo. Nesta fase as obras passam por uma introspecção, em que o **eu lírico** se preocupa mais consigo mesmo do que com aquilo que ocorre a sua volta; é pessimista e apegado aos vícios. Surge uma literatura mais intimista e reflexiva, mais atenta para com a interioridade humana, mais afeita a sondar seus sentimentos e pensamentos, mais profunda no trato de questões filosóficas. O sentimentalismo é exagerado aparecendo na poesia de forma idealizada, com constante apego a elementos como a noite, a melancolia, o sofrimento, a morbidez, o amor irrealizável e o sentido da morte como solução para tudo. E eis aqui outro traço peculiar à adolescência: o exagero subjetivo.

Como exemplo dessa fase pode-se destacar a poesia de Fagundes Varela, Casimiro de Abreu e, especialmente, a obra do escritor paulista Alvares de Azevedo – que era quase tão jovem quanto nossos alunos – tanto em sua vertente poética, como na prosa, de que é exemplo sua obra ***Noite na Taverna*** na qual desenrola uma narrativa de caráter e ambientação lúgubre e com certo tom desesperado. Suas outras obras de enorme importância e também muita popularidade são ***Macário*** e ***Lira dos Vinte Anos***. Além de tudo, a morte precoce de Alvares de Azevedo cria certa intensidade para esta atmosfera típica do drama romântico em seu gosto pelo gótico, pelo sombrio, pelo macabro; o que lembra muito o gosto e atitudes dos adolescentes góticos e emos, por exemplo, marcando um dos movimentos jovens urbanos de décadas recentes. E, eis aqui uma relação possível de se estabelecer a fim de modernizar os estudos sobre a 2ª geração do Romantismo brasileiro. Essa ideia de relacionar o passado com o presente no campo da literatura, já aludida em momentos anteriores, tem como propósito levar o aluno a compreender que a literatura é parte integrante da vida.

<Festa no Castelo>
Castel party. Disponível em: https://commons.wikimedia.org/wiki/File:CastleParty51.jpg

Observem um trecho de *Noite na Taverna*:

O que é o homem? é a escuma que ferve hoje na torrente e amanhã desmaia; alguma coisa de louco e movediço como a vaga, de fatal como o sepulcro! O que é a existência? Na mocidade é o caleidoscópio das ilusões: vive-se então da seiva do futuro. Depois envelhecemos: quando chegamos aos trinta anos, e o suor das agonias nos grisalhou os cabelos antes do tempo, e murcharam como nossas faces as nossas esperanças, oscilamos entre o passado visionário, e este amanhã do velho, gelado e ermo despido como um cadáver que se banha antes de dar à sepultura! Miséria, loucura!

O poeta da inspiração romântica transfigura a vida nos seus olhos, vai se alterando na própria realidade, ressurge num território quase que de pesadelo, pela carga dramática das imagens que cria. Mas, interessa aqui observar que essa matriz imaginativa de Alvares de Azevedo, que era de fundo trágico, e de vínculo com o gótico e com o sombrio acabou se tornando bastante popular com o tempo, inspirando outros poetas e até mesmo letristas da canção brasileira.

> ### SAIBA MAIS
>
> Aproveite para ouvir a canção *Canto Para A Minha Morte* de Raul Seixas & Paulo Coelho. É uma, entre tantas outras canções e poesias que traz as mesmas marcas presentes na obra de Alvares de Azevedo. Observe esse trecho em que Raul Seixas fala da morte:
>
> *Vou te encontrar vestida de cetim,*
> *Pois em qualquer lugar esperas só por mim*
> *E no teu beijo provar o gosto estranho*
> *Que eu quero e não desejo, mas tenho que encontrar*
> *Vem, mas demore a chegar.*
>
> Disponível em: https://www.youtube.com/watch?v=uS2jEBaC0T8

A 3ª geração romântica, conhecida como geração **CONDOREIRA** encontrou inspiração na obra do francês Victor Hugo. Por isso é em razão dessa influência que o enfoque dos autores dessa época passa a ser o político e o social, interessado principalmente nas ideias abolicionistas e republicanas. Na verdade, essa geração foi, de alguma forma, precursora do Realismo, mas a diferença, é que a 3ª fase do Romantismo ainda se encontra envolvida com certo sentimentalismo e subjetivismo. Entre os expoentes da geração temos Castro Alves – outro poeta bem jovem, com sua poesia caracterizada pela lírica amorosa em que a mulher passa a ter um papel real e sensualizado e também por sua poesia social, denunciando as desigualdades, os abusos da escravidão e da condição dos negros escravizados, tendo seu auge com a obra *O Navio Negreiro*.

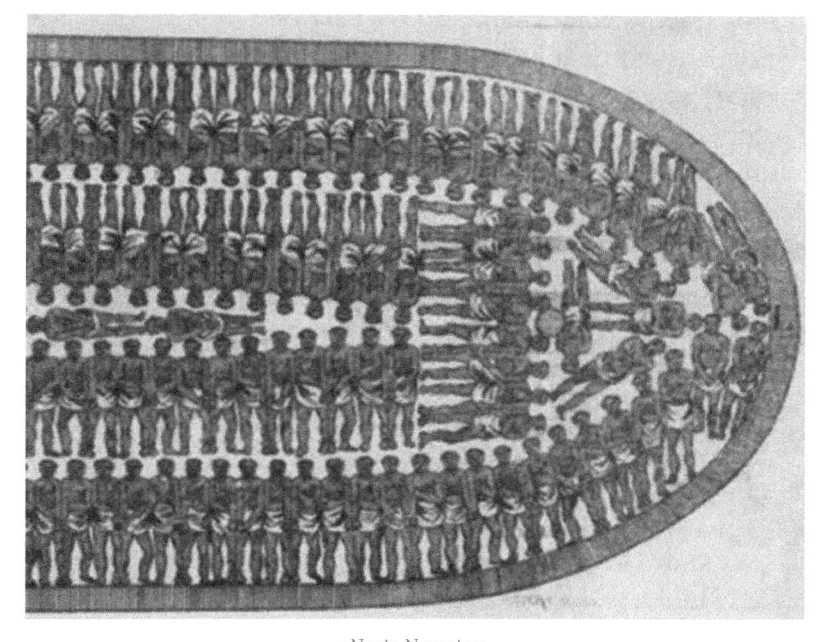

<Navio Negreiro>
Fonte: https://blogdaboitempo.com.
br/2017/11/30/o-novo-navio-negreiro-pedindo-permissao-a-castro-alves/

Castro Alves foi um nome importante na literatura romântica brasileira, uma vez que expressava o seu sentimentalismo e sua indignação de forma lírica. Ele inventou uma linguagem capaz de quebrar o silêncio sobre o negro escravizado e a escravidão ditada pela colonização desconstruindo assim, aqueles discursos literários que celebravam o índio, o amor, os costumes e a cultura urbana da corte carioca. Sua poesia deu visibilidade ao "outro", àquele que veio do outro lado do Atlântico, arrancado de sua terra pela força bruta da máquina escravocrata, contribuindo para que o diferente despontasse na sociedade brasileira naquele momento. Castro Alves, ainda que compartilhasse do projeto literário romântico nacionalista, rompeu alguns cânones ao cantar o escravizado. Sua produção literária assume uma postura de denúncia. *O Navio Negreiro* é uma poesia que integra um grande poema épico chamado *Os Escravos*. Sua metrificação é variada e acompanha o tema que se desenvolve ao longo do poema. Isso dá um efeito para a poesia de unidade entre a forma e o conteúdo. E, especialmente, *O Navio Negreiro* é um poema muito performático; isto é, se presta à performance, configurando-se, portanto, excelente repertório para trabalhar oralidade, remidiação textual e/ou outras hipóteses de trabalho em sala de aula, conforme propõe a habilidade **EM13LP54**. E, se pensarmos nestes nossos tempos atuais, de recrudescimento da violência e do racismo – e até mesmo da expansão recente de condições de trabalho análogas à escravidão, concluiremos que afinal, *O Navio Negreiro* é um poema vivo, escrito no século XIX, mas que fala ao homem do século XXI. Por isso mesmo que, para além do cânone, sugiro o uso dessa poesia em sala de aula para o EM, a fim de trabalhar, por exemplo, as habilidades **EM13LP01 e EM13LP52**.

<Busão: uma réplica do navio negreiro?>
Fonte: https://racismoambiental.net.br/2021/02/09/o-onibus-e-o-navio-negreiro/

Para além de uma roda de leitura atenta seguida de debates, conversas e pesquisas em busca de sua relação com o momento presente, é possível preparar uma apresentação do poema, ou de algum trecho dele. Uma ideia sugestiva é pensar no poema como parte integrante de um sarau, cujo tema estivesse centrado na questão do negro, do racismo no Brasil, de ontem e de hoje. Pode-se, inclusive, pensar na relação com música do Rappa: ***Todo camburão tem um pouco de navio negreiro***. Observe um trecho do poema de Castro Alves:

Era um sonho dantesco... o tombadilho
Que das luzernas avermelha o brilho.
Em sangue a se banhar.
Tinir de ferros... estalar de açoite...
Legiões de homens negros como a noite,
Horrendos a dançar...

Negras mulheres, suspendendo às tetas
Magras crianças, cujas bocas pretas
Rega o sangue das mães:

Outras moças, mas nuas e espantadas,
No turbilhão de espectros arrastadas,
Em ânsia e mágoa vãs!

E ri-se a orquestra irônica, estridente...
E da ronda fantástica a serpente
Faz doudas espirais...
Se o velho arqueja, se no chão resvala,
Ouvem-se gritos... o chicote estala.
E voam mais e mais...

ALVES, C. O navio negreiro. Disponível em: http://www.dominiopublico.gov.br/download/texto/bv000068.pdf

Mas, retomemos aqui, uma vez mais, e nessa perspectiva do Romantismo, a obra do importante José de Alencar. Este escritor cearense teve importante atuação no campo das batalhas simbólicas por uma forma narrativa moderna para representar a nação brasileira. Além disso, Alencar advogava por uma **linguagem** literária brasileira, sintonizada com o tempo e o meio. Assim, em sua obra encontramos o gosto pela frase sonora, a exploração do ritmo e da eufonia dos vocábulos, tangenciando e muitas vezes tocando o lúdico e o musical, como se pode observar no trecho inicial de **Iracema**:

Verdes mares bravios de minha terra natal, onde canta a jandaia nas frondes da carnaúba; Verdes mares, que brilhais como líquida esmeralda aos raios do sol nascente, perlongando as alvas praias ensombradas de coqueiros [...]

ALENCAR, J. de. *Iracema*. Disponível em: http://objdigital. bn.br/Acervo_Digital/Livros_eletronicos/iracema.pdf

Talvez por isso, nos convenha aqui observar em detalhe pelo menos uma obra que ilustra bem o projeto literário do romancista: *O Guarani*. Primeiro grande êxito literário de José de Alencar, o romance oferece uma mistura de história e ficção. *O Guarani* foi escrito em 1857, mas seu enredo está ambientado no século XVII. O romance traz uma estrutura descritivo-narrativa em 3ª pessoa e pode ser considerado um romance histórico e indianista.

Histórico ao descrever os costumes e o estilo de vida da época representada, a ambientação às margens do Paquequer, e também ao reconstruir as roupas, a arquitetura ou citar diretamente fontes históricas, como D. Antônio de Mariz. Assim, o documental serve ao autor para a criação da realidade literária.

E, por outro lado, pode ser entendido como um romance indianista, se observarmos a transformação de pressupostos filosóficos do Romantismo universal, como o ideal medieval do bom guerreiro e o mito do bom selvagem, na construção de um herói literário nacional por meio da figura do indígena **Peri**. O que se expressa nos traços psicológicos de Peri, como a demonstração de coragem, fidelidade e pureza; mas também e em cenas que sugerem a vivência de outro tempo e lugar; e ainda, na contraposição da personalidade de Peri com a personalidade de Loredano, o vilão do romance. Assim, poderíamos afirmar que *O Guarani* é um romance fundacional; isto é, que adota como tema a ideia quase mítica de fundação da nação. Ao longo dos 54 capítulos observamos o enredo, no qual se esboça o ideal romântico da fundação da nação. Peri, um índio da tribo **goitacá**, se apaixona por Ceci, a linda filha dos Mariz. E depois de variadas peripécias em que salva a donzela de perigos, auxilia a família do fidalgo a superar a infidelidade dos aventureiros e as emboscadas dos indígenas Aimorés, torna-se cristão e foge com a moça, no final, sob as bênçãos de seu pai e, finalmente, do mitológico pajé Tamandaré.

Inserido na tradição do romance histórico, *O Guarani* procura transitar entre o binômio **verdade/verossimilhança**, por meio da figuração do masculino em seu protagonista: Peri. Contudo, o caráter heroico por vezes medievalista e outras selvático do protagonista, põe em evidência a dicotomia entre natureza e cultura, indicando certa consciência que tinha o autor da extensão dos problemas da integração do autóctone com o outro em terras brasileiras.

No que se refere à relação da literatura brasileira com a cultura europeia, é pela mimese que ela vai incorporar o estado de espírito dos nossos escritores, ao padrão europeu. Assim, sob o crivo deste olhar que toma a *MIMESE – ou a imitação da realidade*, como padrão de escritura é possível considerar todo o ideário da produção romanesca de José de Alencar, como ficou explicitado na análise de *O Guarani*. Em particular, o uso do recurso da cor local: originalmente vinculado ao campo pictórico, a cor local é um mecanismo narrativo de largo emprego que se manifesta em diferentes tipos discursivos e engendra um feixe de expressões contíguas que pode ser denominado de retórica pictórica. O recurso pictórico-narrativo se infiltra na literatura como metáfora, realce. O realce se torna explícito na noção retórica da metáfora que visa à reprodução fiel do que é relatado. Carece notar a capacidade que a metáfora tem de colocar sob os olhos do leitor o que é narrado. Ao criar imagens, ela mostra, mimetiza.

Neste sentido, o romance de Alencar pode ser estudado, em termos comparados, com qualquer outro romance europeu do mesmo período a fim de observar a construção da figura heroica na Modernidade.

9.1.2.3 A consolidação do Sistema Literário Brasileiro

Ao montar estes tópicos fundamentados no que se pode chamar de cânone da literatura brasileira tem-se como ideia norteadora o fato de que dificilmente um professor de literatura do EM escapa a esse repertório. Antes de tudo, é preciso dizer que isso não corresponde a uma verdade absoluta – é possível estabelecer novos cânones ou incorporar e/ou retirar obras do *corpus* canônico estabelecido; embora o direcionamento da BNCC aponte nessa direção do cânone, pelo menos para o momento contemporâneo.

Assim, vamos seguir um pouco mais com o cânone e abordar a obra do carioca Machado de Assis. Pois bem: de acordo com Roberto Schwarz a literatura brasileira da segunda metade do século XIX procurou se apropriar dos modelos realistas europeus a partir da diferença dos significados que as formas literárias têm no centro e na periferia. Além disso, naquela época, coube ao jornal estabelecer um universo de receptores, a partir daquilo que era vivenciado no cotidiano da sociedade do período. Deste modo, a crônica como gênero jornalístico, trouxe a informalidade para o espaço da escrita, expressando e discutindo a cidadania, instruindo e entretendo o público. Machado de Assis, tendo utilizado o jornal como instrumento inicial de publicação de suas obras, considerava esse periódico como a forma de divulgação adequada para a criação de uma cultura brasileira, de uma identidade nacional.

Nas crônicas machadianas, se observam eventos relacionados à vida política, econômica e cultural do Brasil, em especial, claro, do Rio de Janeiro. Machado, comentando os acontecimentos cotidianos de sua época, envolvia o leitor, de forma sutil e irônica, satírica e original. E o mercado cultural brasileiro em formação no século XIX, necessitava preencher os aspectos de ficção, elementos do cotidiano e fatos históricos que formassem hábitos de consumo de periódicos, construindo padrões de gosto e ampliando regularmente o leitorado brasileiro. Como cronista, Machado demonstrava sua visão social. Comentava e criticava os costumes da sociedade de sua época. Com sua visão futurista, antecipava as consequências dos acontecimentos políticos resultantes da mudança do sistema monárquico para o republicano, com o qual não simpatizava. Para o autor, muito mais do que o aspecto pictórico, interessava representar o estado interior e psicológico das pessoas de seu tempo, mas sempre o fazendo de modo a ressaltar o espírito burlesco da sociedade de então. Essa representação objetivava a mimese dos elementos característicos de um estado de espírito universal, egoísta e dissimulado do ser humano. Machado de Assis reflete sobre a configuração desigual do mundo. Essa forma de representação machadiana está presente, não somente em seus contos e romances, como também em suas crônicas. É nas crônicas, porém, em especial as escritas a partir do final da década de 1880 do século XIX, que o **Bruxo do Cosme Velho** consolida, literariamente, um estilo esteticamente singular.

<Machado de Assis: o bruxo do Cosme velho>
Fonte da imagem: https://gazetaarcadas.com/2020/06/04/
machado-de-assis-correspondente-de-um-jornal-das-arcadas/

Apropria-se, Machado, das narrações contidas nas obras universais, sejam elas bíblicas, esotéricas, da literatura grega, europeia ou mesmo dos escritores brasileiros locais que o antecederam e, extrapolando a própria escola realista, utiliza-se, sobretudo, do recurso da ironia e da sátira para brindar o leitor com uma produção universal original que redundará no desenvolvimento posterior da crônica brasileira. Em sua obra, mais que a realidade dos fatos, tem destaque a capacidade mimética superior aos costumes e cultura adquiridos pelo autor e seu estilo no qual se equilibram o senso de humor, a crítica sutil e a denúncia contra as arbitrariedades políticas de todos os tempos. Contudo, para melhor compreender como trabalhar a obra machadiana nos interessa aqui, além da crônica, observar seus contos de modo mais detalhado.

Falemos então da narrativa curta machadiana. Os contos do Machado surpreendem por seu gosto pela anedota e pela tendência a valorizar aspectos aparentemente triviais da vida social, mas que põem uma luz inesperada sobre assuntos capitais. Além disso, Machado gostava de autores de fábulas curtas e moralidade irônica, como Esopo, La Fontaine, Swift, ou aqueles que preferem gêneros mistos, metade ensaio, metade ficção, como Thomas Carlyle. Além disso, boa parte do sabor desses contos vem de sua íntima relação com o Rio de Janeiro. Mas, afinal, de que tratam os contos? E qual a sua matéria, que de tão humana e brasileira se mantém até agora viva em nosso imaginário?

Em primeiro lugar, a mulher, a mulher da burguesia emergente do Segundo Reinado. E outros temas como o humor, a ironia, o ceticismo, a análise psicológica dos tipos, a crítica de costumes, o antagonismo entre a aparência e a realidade, os conflitos da dupla personalidade, a avareza e muitos outros conflitos de caráter universal. E, acima de tudo, o estilo incomparável, esse vaivém que se materializa nas oscilações do pensamento, na fluidez da linguagem, na ambiguidade do processo narrativo, o que o aproxima de um contista da estirpe de Tchekhov. Aquele tom de quem conta uma história, de modo que quase não se percebe a diferença entre a linguagem escrita e a falada. Por isso mesmo, Machado de Assis é o menos literário de nossos contistas. Guiado pelo dom, pela vocação de contador de histórias, ele transmite ao leitor a sensação de que está, não lendo, mas ouvindo contar. E aí que mora toda a graça do seu estilo, pois uma história não se deve ler, mas escutar. Além disso, considere-se que a prosa machadiana está inserida em uma tradição crítica e inventiva da Literatura que é de fundamental importância para a modernidade e a pós-modernidade: a herança da gaia ciência da ironia, que remonta às comédias gregas clássicas de Aristófanes e a todo o diálogo instaurado por ela até os dias de hoje, bem como o legado do **Satirykon** cujas origens dionisíacas perpassam os dramas tragicômicos de Eurípides e Shakespeare. E mesmo, da tradição cervantina de **Dom Quixote**; da polifonia narrativa e da ficção consciente de si mesma. Trata-se, como se vê, de capítulos importantes da literatura ocidental que podem ser lidos em conjunto com a obra de Machado.

É por esta razão que em sala de aula, os contos de Machado serão mesmo um grande achado e de suma importância trabalhar; a despeito de toda a sua dificuldade. O conto **A Cartomante**, já é velho conhecido de todo vestibulando e você pode usá-lo, a exemplo de quaisquer outros, muito tranquilamente em seu programa de literatura para trabalhar o conto como gênero literário.

Certamente você tem na memória a estrutura deste gênero literário e deve trabalhá-la em sala de aula. Com efeito, o conto se pauta pela ideia de economia mínima: o mais importante num conto é o fato, o acontecimento. E sua estrutura está montada sobre esse acontecimento único, em torno do qual gravitam 1 núcleo de personagens, 1 ambiente, 1 tempo. Economia mínima. Para ler de uma sentada. Por isso o conto é um gênero literário ágil e que, assim como a crônica, se acomoda bem ao trabalho no contexto escolar.

SAIBA MAIS

E para trabalhar **A Cartomante**, ou qualquer outro conto, você pode lançar mão das sequências didáticas disponíveis no site: www.novaescola.org.br

Trata-se de um site governamental que disponibiliza uma infinidade de sequências didáticas e que tem por propósito auxiliar o dia a dia do professor brasileiro que atua na Educação Básica.

E para trabalhar a obra de Machado partindo de uma perspectiva de leitura interpretativa – não apenas os seus contos, mas toda a obra – é preciso considerar que há 2 elementos indissolúveis e indissociáveis na sua obra: o narrador e a ironia. Na obra de Machado o narrador é sempre irônico. Portanto, estes 2 elementos são, em sua obra, uma coisa só. E aqui vale a sugestão de trabalhar em sala de aula a ironia como conceito retórico usando, como exemplo, a obra de Machado em conjunto com outros autores mais contemporâneos como Caio Fernando Abreu, Antônio Callado, Dalton Trevisan, Murilo Rubião, Millôr Fernandes etc.

No contexto da literatura ocidental, o caráter reflexivo e crítico da prosa de Machado exibe originalidade, já que o narrador machadiano não concebe o enredo como trama de ações regida pela lógica da causalidade. Ao contrário, entende como drama de paixões e vicissitudes tragicômicas de caracteres em conflito, ou bem com os outros ou bem consigo mesmos. O que diferencia o narrador machadiano dos narradores tradicionais dos <u>romances de costumes tipicamente realistas</u> é o seu estatuto dramático, irônico e autorreflexivo de se despersonalizar e assumir todo tipo de persona, a fim de dramatizar diversas situações. O narrador machadiano não se fecha como os narradores tradicionais, que querem transmitir uma verdade única. Pelo contrário, o narrador machadiano procura promover o diálogo, a movimentação e a abertura. O saber irônico, uma forma privilegiada de conhecimento que se manteve à margem da história, refuta a concepção do ***SER*** como algo imutável. O saber irônico do narrador machadiano não contrapõe o ***SER*** ao ***não ser***: para ele, ***SER E NÃO SER*** são os dois lados de uma mesma realidade.

Machado de Assis se inscreve naquela tradição moderna da prosa de ficção instaurada por Miguel de Cervantes, autor com o qual Machado também pode ser cotejado. Tal como na obra de Cervantes, o que se vê na prosa de Machado é uma estrutura polifônica, várias vozes que não se excluem, mas que se complementam e se tornam reversíveis. A narrativa machadiana não confirma nem legitima nenhuma metafísica dos costumes fundada em um saber prévio do homem e do mundo. Sendo assim, por metáfora, o mundo não tem início nem fim, pode ser interpretado e reinterpretado infinitamente, não se esgotando nunca. O universo machadiano é dramático, o mundo é um grande teatro. O narrador machadiano é como um ator teatral, um fingidor. Ele é dramático por representar todos os ângulos possíveis. O narrador machadiano dramatiza a disputa das ideologias em luta, mas não se comporta como se fosse portador da verdade. Ao contrário, propõe sempre algo aberto; o imponderável, o que virá. É o que chamamos de **devir**.

Para além dos rótulos de escritor romântico em sua primeira fase e realista na segunda, Machado de Assis é considerado como um precursor do Modernismo brasileiro. Seus romances são carregados de ironia e de "pistas falsas" – eles se parecem romances românticos, mas, na verdade, exigem um leitor mais crítico – o que foi uma novidade em sua época. A sua ironia, a sua composição dramática sempre esteve baseada em caracteres e não em ações. Por isso são tão diferentes das narrativas tradicionais. Compreender Machado exige um leitor que alcance águas mais profundas. Mas o fato é que as suas "pistas falsas" e sua ironia – nem sempre percebida pelo leitor superficial, o consagraram no âmbito dos grandes autores.

9.2   LITERATURA PORTUGUESA

Línguas, literaturas e culturas são entidades em movimento no tempo e no espaço; são indissociáveis. Elas viajam, misturam-se e se enriquecem, constroem identidades e estabelecem pontes entre os povos. Observando o atlas dos países de expressão portuguesa, encontramos um denominador comum: todos os países têm costa marítima. Com efeito, a aventura da língua portuguesa, propiciada por fatores geopolíticos, se desenrola ao mesmo tempo em que o povo português vai se tornando culturalmente mestiço – luso-africano, luso-americano, luso-asiático; um processo naturalmente ligado à rota dos mares.

> ### REFLEXÃO
>
> Como foi que isso tudo começou? Quando? Onde? E finalmente, a pergunta que não quer calar...
>
> *Quem fita o Ocidente, futuro do passado?*

Segundo Fernando Pessoa, Portugal é o rosto da Europa, que olha para o Ocidente... E que Portugal é esse? É este país pequenininho, a oeste da Península Ibérica, região em que nasceu a língua Portuguesa e onde nasceu também a sua literatura, a respeito da qual falaremos a partir de agora. Além disso, a literatura portuguesa tem influência marcante sobre a literatura brasileira; especialmente até o início do século XIX. Eis uma razão porque devemos estudá-la. E, mesmo por isso, a BNCC propõe que em sala de aula se faça o cotejo entre a produção literária dos dois países (Portugal e Brasil) a fim de que os alunos adquiram a habilidade de reconhecer as rupturas e continuidades entre ambas.

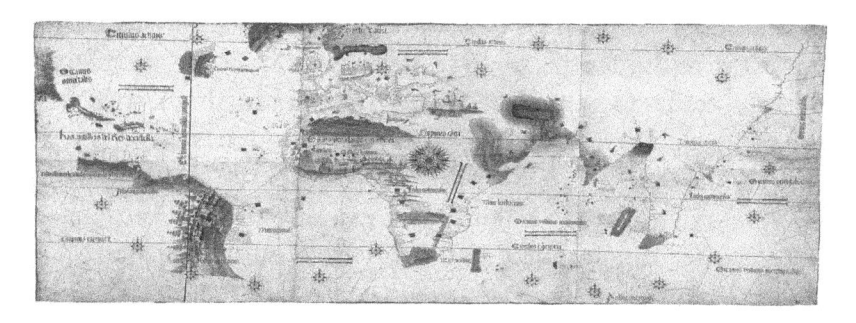

<Mapa dos territórios sob domínio lusitano no século XIX>
Fonte da imagem: https://edisciplinas.usp.br/mod/book/view.
php?id=2512436&chapterid=21739

É uma literatura rica, com lugar marcado no cânone universal, e nomes importantes como Camões, Pessoa e Saramago e que podemos dividir em 3 grandes momentos: Era Medieval, Era Clássica e Era Moderna que, por sua vez, se subdividem em unidades menores. Estes momentos literários coincidem com os grandes períodos da história europeia. Tais "coincidências" acontecem porque a produção cultural de um povo ou nação está relacionada ao momento histórico por ele vivido.

E Portugal, que no transcurso da Antiguidade era parte integrante do Império Romano e fazia uso da língua latina, ao sofrer as chamadas Invasões Bárbaras foi mudando um pouco de feição, adquirindo novos elementos culturais e linguísticos. É dessa mistura, que no transcurso da Idade Média surgirão a língua e a literatura portuguesa.

Mas antes de continuarmos falando de literatura convém refletir a respeito do ensino de língua e suas relações com a literatura. Com efeito, a interdisciplinaridade entre língua e literatura é obvia e, portanto, requer-se do professor de literatura um extenso e profundo conhecimento linguístico também. Faz parte de suas atribuições docentes, de maneira inequívoca!

O Latim era falado em Roma e no Lácio – Itália, no século I a.C. Era o idioma oficial do Império Romano e seu uso sobreviveu à queda dos romanos, sendo usado como língua culta em toda a Europa Medieval. Foi se transformando pela mistura com os dialetos de cada região europeia, dando origem às línguas neolatinas; entre elas a língua portuguesa. A Língua Portuguesa, antes de ser língua portuguesa, era chamada de galaico-português, e era falada na região que corresponde a Portugal e à Galícia, na Espanha. O galaico-português então, que era usado naqueles tempos medievais, tinha algumas características diferentes do português atual.

Em diálogo com outras partes da Europa a poesia medieval portuguesa surge no século XII, se volta especialmente para a lírica amorosa e se desenvolve a partir de 2 tipos definidos: a lírica trovadoresca e o romance cortês, seguidos pelas chamadas novelas de cavalaria. De uma maneira geral, a literatura medieval está impregnada do espírito teocêntrico não ultrapassa os limites religiosos, contando a vida dos santos e a liturgia cristã. Mas em torno dos castelos feudais desenvolve-se também uma arte que se aproxima do profano e redimensiona a visão de mundo medieval. É a arte dos trovadores. Vigente de 1189 a 1418, aproximadamente, o Trovadorismo abrange esse período que corresponde às origens da Língua Portuguesa. Mas, também é possível trabalhar em sala de aula observando como a música brasileira contemporânea, por exemplo, é devedora do trovadorismo medieval português. A presença da intertextualidade, aqui, é marcante.

Diz Nelly Novais Coelho a respeito que,

> *Cantada ao som de um instrumento, nas cortes ou praças, a poesia trovadoresca desenvolvia-se com os mesmos clichês estilísticos: rimas assonantes, reiterações paralelísticas, exploração dos mesmos temas estereotipados; que são as queixas amorosas.*

Tal padronização de temas, como você bem sabe, é resultante do ideal da época: o amor cortês (a perfeição da mulher vinculada ao culto católico à virgem Maria, a devoção cavalheiresca etc.). E quais eram as formas poéticas da época?

1. **As cantigas de amor** – O sujeito do discurso é masculino, que tematiza o amor impossível. As cantigas de amor expressam o amor irrealizado do trovador que se põe a serviço da mulher amada. São cantigas que espelham a vida cortesã por meio de uma forte abstração e de uma linguagem profundamente refinada.

2. **As cantigas de amigo** – Estas constituem um retrato vivaz da vida bucólica e do cotidiano medievais dos vilarejos. As cantigas de amigo expressam o sentimento feminino, em que pese haverem sido compostas por homens, por meio dos dramas e situações cotidianos da vida amorosa das donzelas. A presença da natureza se dá com pujança e a linguagem é simples. A estrutura poética se faz de refrão e versos encadeados e repetidos.

3. **As cantigas de escárnio e maldizer** – São cantigas que reúnem a sátira da época. Enquanto as cantigas de escárnio criticam e ironizam indiretamente, as cantigas de maldizer, põem em uso uma linguagem mais vulgar e ácida, referindo-se diretamente às suas personagens. Falam de disputas políticas, das intimidades de alcova, das mulheres feias. O picaresco, o humorístico e o chulo são bem marcantes.

SAIBA MAIS

Você pode acessar alguns exemplos de cantigas trovado-rescas portuguesas que se encontram compiladas no conhecido Cancioneiro D'ajuda. Observe:

 VASCONCELLOS, Carolina Michaëlis de – Cancioneiro da Ajuda. Edição critica e comentada por Carolina Michaëlis de Vasconcellos. Halle a. S.: Niemeyer, 1904. Disponível em: https://es.scribd.com/document/123185469/Cancioneiro-da-Ajuda-vol-1

https://www.amazon.com.br/Cancioneiro-Ajuda-Vol-Bibliographicas-Historico-Litterarias/dp/0365790532

Já as chamadas Novelas de Cavalaria eram geralmente adaptações da literatura que se produzia fora de Portugal. Assim, houve a proliferação dos ciclos heroicos dos mais diversos personagens; tais como:

a. Heróis do Ciclo clássico
b. Heróis do Ciclo carolíngio
c. Heróis do Ciclo arturiano ou bretão.

Essa Matéria da Bretanha (ciclo arturiano) é uma das fontes das novelas de cavalaria portuguesas como, por exemplo, *A Demanda do Santo Graal*, que narra a busca do cálice sagrado pelo rei Artur e os cavaleiros da Távola Redonda. Nas novelas de cavalaria, há uma presença das questões da Reconquista e da religiosidade, marcantes nesse período português. Mas há, igualmente, um sabor de aventura que pode ser explorado por meio da leitura de diferentes obras, e não apenas nos livros impressos, mas na sua massiva presença em diferentes suportes; incluindo o cinema, a fim de se trabalhar leitura intersemióticas.

Assim, podemos afirmar que se a poesia medieval portuguesa tem caráter lírico a prosa medieval é predominantemente do gênero épico; o que nos leva a muitos caminhos de leitura comparada entre a literatura portuguesa e a brasileira.

ESTUDO DE CASO: UM EXEMPLO

Nós hoje poderíamos pensar que o Trovadorismo está morto, não é? Que ninguém mais nem pensa nisso... Mas, anteriormente eu já havia comentado: a música brasileira contemporânea é herdeira quase direta do trovadorismo medieval lusitano. Veja: o que são, por exemplo, as músicas sertanejas? Não seriam cantigas de amor trovadorescas? Analise as cantigas de amor trovadorescas em cotejo com as canções sertanejas. Com o perdão da informalidade: É muita *sofrência*!! Aqui e lá! Mas não só na temática se aproximam; há muita semelhança estrutural também: tema, sujeito do discurso, paralelismos, uso de refrão... Observe:

[...] Chega de mentiras

De negar o meu desejo

Eu te quero mais que tudo

Eu preciso do seu beijo

Eu entrego a minha vida

Pra você fazer o que quiser de mim

Paulo Sergio Valle / Jose Augusto Cougil – Evidências. In: Cowboy do Asfalto. EMI Music, 1990.

> Por outro lado, e de novo para dizer que o trovadorismo não morreu, veja o fabuloso intertexto presente na canção *Sol Negro* de Caetano Veloso:
>
> *Sol negro – Caetano Veloso*
>
> *[...]*
>
> *Valha Nossa Senhora*
>
> *Há quanto tempo ele foi embora*
>
> *Para bem longe pra além do mar*
>
> *Para além dos braços de Iemanjá*
>
> *[...]*
>
> CAETANO VELOSO, Sol Negro. In: Maria Bethânia. RCA Victor, 1965.
>
> Parte integrante de um show chamado *Nós, por exemplo*, de 1964, esta canção de Caetano Veloso fala do lamento e desesperança da moça que viu seu amor partir. É o mar, o mar da gente de língua portuguesa, o mar da saudade, É o amor que morreu na noite do mar. Mas é também uma apropriação de Caetano Veloso sobre o esquema trovadoresco da canção de amigo, para a realidade lu-so-afro-brasileira; daí a presença de Iemanjá. E esse é o grande movimento da literatura; o da mistura, o do diálogo, o do intertexto, o da hibridização.

9.2.1 Humanismo Renascentista

No final do século XV, a Europa passava por grandes mudanças. É o chamado período Renascentista, que foi conduzido por uma nova forma de pensar: o Humanismo. O Humanismo português se caracterizava por valores essencialmente medievais, mas, ao mesmo tempo, vivia uma nova realidade marcada pelo mercantilismo e pela ascensão dos ideais burgueses. Na verdade, foi um período muito rico para o desenvolvimento da prosa, graças ao trabalho dos cronistas; principalmente Fernão Lopes, considerado o iniciador da historiografia portuguesa.

Outra manifestação importantíssima daquela época foi o teatro popular e cortesão, com a produção de quase 50 peças de Gil Vicente, no final dos anos 1400 e início dos 1500. Gil Vicente é autor dos conhecidos Autos Litúrgicos, Farsas e Tragicomédias. Sua obra tinha um compromisso com o riso, com a crítica social e com a transmissão da doutrina Católica. *A Farsa de Inês Pereira* e *O Auto da Barca do Inferno* são suas obras mais conhecidas e representativas.

No Humanismo há uma nítida opção pelo texto em prosa, principalmente a crônica, que é gênero textual que procura registrar os feitos e acontecimentos do reino. O mais importante cronista português foi Fernão Lopes. Sua obra ultrapassa os séculos e chega para nós como um importante legado na construção da historiografia portuguesa. O estilo de Lopes, as inovações presentes em suas crônicas, a análise psicológica que realiza, as preocupações político-sociais nas abordagens dos acontecimentos, a presença do povo como elemento também construtor dessa História, dão a Fernão Lopes um lugar de destaque na literatura portuguesa. Mas, é certo, igualmente, que tal desenvolvimento da crônica portuguesa renascentista deixa um legado de enorme potência para o desenvolvimento da crônica moderna brasileira que se desenvolveu no transcurso do século XX produzindo uma miríade de cronistas entre os mais renomados, como Rubem Braga, Paulo Mendes Campos, Rachel de Queiróz, Juó Bananeri, Marina Colassanti, entre uma infinidade de outros, incluindo cronistas recentíssimos, que publicam suas crônicas hoje em seus blogs ou outros veículos digitais.

Ao trabalhar a crônica portuguesa renascentista, tenha em mente os seus desdobramentos posteriores no Brasil. Afinal, a crônica é um gênero textual de muito maior aceitação pelo público jovem, de leitura mais dinâmica, leve e agradável, que propicia muito trabalho em sala de aula. No caso da produção brasileira é possível se trabalhar, inclusive, com a crônica do dia; tal a quantidade de cronistas de ontem e de hoje que compõem o panorama literário brasileiro.

Como já referido, a Europa viveu um momento de transição da Idade Média para a Idade Moderna. E chamava-se Renascimento, em função da redescoberta, da revalorização dos aspectos da Antiguidade greco-romana e do cultivo do antropocentrismo, que direcionaram as mudanças desse período para um ideal humanista e naturalista. Teve início na Itália, mas expandiu-se por toda a Europa. Francisco Sá de Miranda levou o movimento para Portugal onde se chamou Classicismo, numa referência aos clássicos da Antiguidade.

9.2.1.1   Os Autos de Gil Vicente e o Teatro Brasileiro

Uma forma excelente de trabalhar a literatura em sala de aula é quando temos em mãos a oportunidade de contato com o gênero dramático; isto é, com o teatro. Na perspectiva dos estudos por projeto, podemos adotar alguma das obras de Gil Vicente, por exemplo, para um trabalho de bastante fôlego. A partir dele pode-se estudar o teatro anchietano, do período colonial brasileiro, o teatro em versos de João Cabral de Melo Neto ou os Autos de Ariano Suassuna.

Veja que com os Autos de Gil Vicente podemos desenvolver amplas pesquisas relativas às questões culturais do Renascimento Humanista e ainda, trabalhar com um importante conceito estético e literário: a alegoria. Você pode começar por uma contextualização de época, do autor e da obra; e seguir com um trabalho comparatista com os autores brasileiros de períodos posteriores para, finalmente trabalhar o conceito <u>alegoria</u>, sua importância no contexto literário etc.

Digamos que a nossa escolha seja o conhecido **O Auto da Barca do Inferno**. Num segundo momento, e já definida qual será a peça, você pode sugerir aos seus alunos do 1º ano do EM que pesquisem mais e aprofundem as ideias já trabalhadas. Em seguida, proponha a hora da leitura. Mas, a leitura de uma peça teatral deve ser feita oralmente, alto e bom som. Divida seus alunos em grupos e diga a eles que cada um escolha o seu personagem. A ideia é fazer uma leitura dramatizada. Com entonação, expressões faciais, gestos... Enfim, uma leitura que incorpore a comunicação verbal e não verbal. Feito isso, pense numa aula com um momento expositivo para debater com os alunos o conceito de alegoria. Depois da leitura da peça ficará mais fácil de compreender o conceito.

Como forma de avaliação, ou até mesmo como um projeto para apresentar na semana cultural da escola ou num sarau de fim de semestre, sugira aos seus alunos que escolham um fragmento para encenação ou que escolham um fragmento para adaptar e encenar.

Outros aspectos, como o desenvolvimento de uma leitura conjunta com o teatro brasileiro, você pode estabelecer a partir de suas leituras, considerando o mesmo conceito de "alegoria" para nortear o projeto. Há muitas ideias possíveis para elaborar um estudo por projeto para o EM partindo do teatro de Gil Vicente e suas relações com o teatro brasileiro contemporâneo.

9.2.1.2   *Luiz Vaz De Camões*

É no período Renascentista que surge Luís Vaz de Camões, poeta lírico, sonetista, mas principalmente poeta épico, autor de **Os Lusíadas**, a epopeia portuguesa de maior destaque. Camões viveu entre os anos de 1524 e 1580, mas os detalhes de sua vida pessoal são uma incógnita em muitos aspectos até hoje.

Mas falemos dos **Lusíadas**: Publicado em 1572 narra a aventura marítima de Vasco da Gama. É a grande epopeia do povo lusitano. E, como estamos falando de uma epopeia, de um poema épico, o herói de **Os Lusíadas** não é somente Vasco da Gama, mas sim todo o povo português (do qual Vasco da Gama é digno representante, nessa perspectiva épica, heroica). Você se lembra do comecinho do poema?

> *As armas e os barões assinalados,*
>
> *Que da ocidental praia Lusitana,*
>
> *Por mares nunca de antes navegados*
>
> *[...]*
>
> CAMÕES, L. OS LUSÍADAS. São Paulo: Ed. Martin Claret, 2005.

O poeta deixa expresso o tema da epopeia já nas duas primeiras estrofes: a glória do povo navegador português, isto é, os navegadores que conquistaram "As Índias". Portanto, Camões cantará as conquistas de Portugal, as glórias dos navegadores, os reis do passado; em outras palavras, a história de Portugal. Ao longo dos 10 Cantos, 1.102 estrofes e mais de 8.000 versos decassílabos em oitava rima de **Os Lusíadas** há muitos episódios conhecidos; tais como o do gigante Adamastor e o de Inês de Castro.

Mas, não vamos detalhar os episódios aqui; o melhor é que você aprofunde seus estudos no silêncio da leitura da obra; afinal um professor de literaturas em língua portuguesa não pode passar ao largo da épica camoniana! O que importa neste momento é ressaltar o caráter simbólico e alegórico do poema e observar que a narrativa épica de Camões vai além da simples epopeia. A longa extensão, a presença da história, do mito, do heroísmo, dos personagens divinos e humanos e dos feitos e conquistas levam à exaltação patriótica. E esta exaltação somada às referências clássicas, entre outros elementos, permitem reconhecer aspectos da tradição literária épica. Camões conciliou duas vertentes aparentemente opostas, a Antiguidade e a Modernidade, pois, ao mesmo tempo em que recuperou e renovou as experiências estéticas clássicas da épica antiga greco-romana, a elas aderiu uma concepção de mundo progressista, tecnológica, inovadora, além da conciliação estética e conceitualmente equilibrada dos universos pagão (que é grego), romano e cristão; e eu falo aqui, sobretudo, do universo medieval. A sabedoria estética de Camões aliada à dimensão cultural pode ser identificada em várias passagens e pode ser observada na beleza do seu lirismo, na forma respeitosa como representa os episódios históricos de Portugal e, especialmente, em como propõe o próprio estilo épico, explorando o maravilhoso.

Mas, Camões não foi apenas um poeta épico. A lírica camoniana também se reveste de grande interesse e beleza; especialmente seus sonetos. Como você já sabe, o Soneto é uma forma fixa de poema, composto por 14 versos, distribuídos em dois quartetos (estrofes de quatro versos) e dois tercetos (estrofe de três versos), todos rimando entre si, e com uma chave de ouro no final. O Soneto é tipicamente renascentista.

ESTUDO DE CASO

Camões foi um extraordinário sonetista. Tendo em vista a afirmação anterior considere o quanto segue: você já ouviu com atenção a canção **Monte Castelo**, da banda brasiliense dos anos 1980, Legião Urbana? Procure por essa música no *YouTube* e ouça com atenção. Observe: Há um claro intertexto ali. Recortando e incluindo fragmentos do soneto camoniano o letrista Renato Russo propõe uma releitura do soneto que retoma a ideia global do poema; isto é, a exaltação do amor.

É... Eis aqui uma curiosa conclusão: Camões também é *rock n roll*!!!

Amor é fogo que arde sem se ver,
é ferida que dói, e não se sente;
é um contentamento descontente,
é dor que desatina sem doer.
É um não querer mais que bem querer;
é um andar solitário entre a gente;
é nunca contentar-se de contente;
é um cuidar que ganha em se perder.
É querer estar preso por vontade;
é servir a quem vence, o vencedor;
é ter com quem nos mata, lealdade.
Mas como causar pode seu favor
nos corações humanos amizade,
se tão contrário a si é o mesmo Amor.

*Camões. **Soneto**. In: **A lírica de Camões**. São Paulo: Ateliê editorial, 1997.*
Imagem: https://www.gerarmemes.com.br/memes-recentes/13161

De que modo você trabalharia este soneto camoniano em sala de aula?

Por outro lado, você pode trabalhar com seus alunos do 1º do EM o poema **Os Lusíadas**. Não será fácil, mas pode ser interessante e divertido e resultar num trabalho bonito. E este é um trabalho que você poderá desenvolver de forma interdisciplinar com os professores de Artes, História e Geografia.

Você pode escolher um (ou vários) dos roteiros de viagem de Vasco da Gama (1ª viagem à Índia, viagem à Melinde etc.) e solicitar dos alunos que, em grupos, montem um projeto de artes visuais que englobe os mapas da época com fragmentos representativos dos **Lusíadas**. Como dificilmente seus alunos lerão todo o poema em busca dos fragmentos adequados, esta seleção e orientação poderá ficar a seu cargo. Por fim, isso pode render até uma exposição dos alunos.

9.2.1.3 *O século XIX lusitano – Garret, Herculano e Eça de Queirós*

Do Renascimento até o final do século XVIII passa a haver em terras europeias uma revitalização dos valores clássicos permeada por um período de ambiguidades e contrastes – especialmente no campo religioso, ao qual correspondeu a arte do Barroco do século XVII.

Mas, eis que chega então o século XVIII, o chamado Século das Luzes. Vale dizer: o mundo mudava e se iluminava, elegendo o conhecimento como prioridade, em detrimento da religiosidade obscura do período anterior. A burguesia do século XVIII passou a ditar as normas sociais baseadas na subjetividade e na valorização do raciocínio. Em Portugal, o Arcadismo, estilo literário que se desenvolveu no período, tem pelo menos um nome de destaque: o poeta Bocage, que representa o momento de transição entre esse movimento e o Romantismo que viria a seguir.

E é mesmo a partir da Revolução Francesa, em 1789, que o mundo começa a respirar novos ares. Rejeita-se o materialismo clássico e assume-se de vez uma atitude subjetiva, individualista, em que os sentimentos passam a ser o referencial. O Romantismo desenvolveu-se na França, na Alemanha e na Inglaterra com muita força; é um período tão marcante que inicia e dá nome a uma era literária.

O Romantismo é fruto de dois grandes acontecimentos: a Revolução Francesa e a Revolução Industrial. Ambas provocaram a formação da sociedade moderna. As instituições políticas tradicionais sofreram fortes abalos e as fronteiras entre os povos foram modificadas criando um novo equilíbrio entre as nações. O nacionalismo irrompe, arrastando boa parte dos povos europeus em direção às suas aspirações políticas e sociais. Novas ideologias e teorias acerca do Estado acompanham as mudanças, as ciências se ampliam e surgem novas áreas do conhecimento. As artes recebem os novos elementos, incorporando-os em suas várias formas de expressão, que já vinham sendo preparadas desde a revolução intelectual iluminista do século XVIII. Com os nacionalismos, surgem também as literaturas nacionais e a noção de cânone literário nacional como já estudamos em capítulos anteriores. É a era dos nacionalismos e das literaturas a serviço de sua representação.

Em Portugal, temos o registro da primeira manifestação romântica com a publicação, em 1825, de um poema intitulado **Camões**, de autoria de Almeida Garrett; quarenta anos depois, o Romantismo português cederá lugar ao Realismo, surgido no rastro da conturbada *Questão Coimbrã*. Mas, sigamos com o Romantismo por enquanto... Garret foi poeta e romancista, assim como seu contemporâneo Alexandre Herculano, que é considerado o pai do romance histórico português – sua obra mais conhecida é **Eurico, o Presbítero**. E o romance histórico em terras portuguesas é, claramente, uma herança da obra do romancista britânico Walter Scott.

Anos mais tarde, a *Questão Coimbrã,* acabou sendo um acontecimento literário com desdobramentos definitivos para a literatura portuguesa. O mundo parecia já cansado do sentimentalismo romântico. Influenciado por teorias cientificistas que começavam a se fazer presentes no mundo, o homem passa a se interessar mais pela realidade circundante, e a literatura acompanha essa tendência, tornando seus temas mais materialistas, mais voltados para o cotidiano, deixando o Romantismo para trás. Tempos de Eça de Queirós e Antero de Quental. Por essa época Portugal vive um forte sentimento anticlerical e antimonárquico e a literatura do período assume algumas características marcantes: o objetivismo, a valorização do **não-eu**, o universalismo e o materialismo que irão perdurar até as últimas décadas do XIX, com o surgimento do Simbolismo do fim do século.

Mas, se o Romantismo ocupou a primeira metade do século XIX, o Realismo e o Simbolismo ocuparam a segunda. Realismo e Simbolismo representam a ascensão e queda dos sonhos de racionalidade e materialismo que ocuparam quase todo o século XIX. Os jovens que desbancaram o subjetivismo romântico, elegendo o Realismo literário como uma forte arma contra a ganância e o sentimentalismo burgueses, foram os mesmos que, anos mais tarde, se desencantaram com seus próprios sonhos, mergulharam em crises existenciais profundas, gerando a arte metafísica do Simbolismo, que retoma o subjetivismo, mas não mais aquele subjetivismo romântico; no Simbolismo há um mergulho bem mais profundo; até os ocultos da alma.

O século XIX pode ser uma fonte inesgotável de pesquisas que se revestem de enorme atualidade, uma vez que nos permitem conhecer melhor o mundo em que vivemos hoje. Deste modo, uma interessante possibilidade de trabalho acadêmico e de pesquisa, para que você possa se aprofundar nos estudos literários que tem como foco as relações Portugal-Brasil é pensar nas formas de manifestação do nacionalismo literário nas obras romanescas e narrativas curtas de Almeida Garret e Alexandre Herculano. Para isso, você pode realizar uma leitura comparada, por exemplo, de **Viagens na minha Terra**, de Garret e de **Eurico, o Presbítero**, de Alexandre Herculano, para verificar como cada um deles vai tratar da História Portuguesa. Os aportes teóricos da literatura comparada com certeza podem ajudar na pesquisa. Se a ideia for compreender como cada um desses autores via e compreendia a Idade Média portuguesa, uma boa ideia é comparar do ponto de vista da temática e da visão histórica, as obras **Romanceiro e Cancioneiro Geral**, de Almeida Garret, que é poesia e as **Lendas e Narrativas**, de Herculano, dedicando especial atenção à lenda da **Dama pé de Cabra** – romance de um jogral ambientado no século XI. Tudo isso é Romantismo, mas a ambientação e o apelo estético resgatam o tempo todo elementos da Idade Média. Como já comentamos em capítulos anteriores, pode-se cotejar esse período português com a obra de Alencar aqui no Brasil.

Mas, o Romantismo ocorre na Inglaterra, Alemanha e França, migrando, em seguida para Portugal. Contudo, durante o transcurso do século XIX não apenas as marcas do Romantismo como, sobretudo os modelos culturais e morais surgidos na chamada Inglaterra Vitoriana (tempos da Rainha Vitória) se impuseram sobre quase toda a Europa; e, Portugal, não escapou a tal regra. Isso pode nos interessar muito na medida em que tem um impacto direto sobre a literatura do Realismo, inclusive em Portugal e no Brasil de Alencar, Macedo e Machado.

<Moda da era Vitoriana, Loja de Arte>
https://pt.wikipedia.org/wiki/Ficheiro:Magasin_f%C3%B6r_konst,_nyheter_och_
moder_1844,_illustration_nr_8.jpg

Durante o século XIX, e em função da urbanização, uma crescente proletarização dos modos de vida toma conta dos centros urbanos. No jogo dos contrastes, havia certo apogeu econômico, mas, ao mesmo tempo, muitos problemas urbano- -sociais. Havia modernização de processos e tecnologia; mas, ao mesmo tempo, a moralização conservadora no âmbito dos costumes, com especial e rigoroso controle e estreitamento das liberdades femininas.

O senso estético, que no início do XIX e ainda sob a influên- cia do Romantismo tinha um sentido de novidade se modifica com o tempo, adquirindo um aspecto cada vez mais utilitário e prático. Os ambientes – o doméstico, inclusive, devia ser esteti- camente agradável para elevar o espírito de seu proprietário, e assim cumprir seu dever social. No terreno literário o romance era uma forma popular de entretenimento e consistiu numa reação ao Romantismo. Os novos escritores rebateram a fantasia romântica e buscaram o Realismo. Daí a sugestão de leitura da obra realista de Eça de Queirós e outros autores do período sob a ótica feminina. É uma forma interessante de observar como as estruturas conservadoras do modelo vitoriano que se impuseram no século XIX, continuam presentes no mundo contemporâneo, ainda que sejam para nós, afinal, tão desgastadas, antiquadas e anacrônicas. Para tal fim, romances como *O Primo Basílio* – que também está disponível em filme, *A Relíquia* – que também existe disponível em HQ e *Os Maias* – que foi também montada como minissérie de TV no Brasil em 2001, se revestem de grande interesse para um projeto de sequência didática de maior fôlego e que aborde a questão da mulher na sociedade de ontem e de hoje, adotando como perspectiva pedagógica o desenvolvimento da habilidade **EM13LP46 da BNCC**.

9.2.1.4   Fernando Pessoa

Fernando Pessoa. Este nome fundamental da literatura portuguesa nasceu em 1888, em Lisboa e teve uma infância tumultuada, pois perdeu o pai aos cinco anos. Em seguida, viajou com a mãe e o padrasto para a África do Sul, ainda criança, vivendo por lá até o início da juventude. Retornou a Portugal onde ainda cursou Letras por um tempo. Trabalhou sempre como tradutor de cartas comerciais e publicou apenas dois livros enquanto vivo: *35 sonnets* (livro de poemas, em inglês) e *Mensagem*, a obra mais conhecida dele, e na qual apresenta o glorioso passado de Portugal e tenta encontrar um sentido para a antiga grandeza e a decadência existente no seu país na época em que o livro foi escrito.

Fernando Pessoa é um dos escritores mais complexos da literatura portuguesa. E, de fato, começou a se destacar a partir de seus artigos publicados sobre as novas tendências modernistas em Portugal e ganhou notoriedade mundial graças à criação de seus heterônimos.

E o que são os heterônimos de Fernando Pessoa? Vamos a eles?

Pois heterônimos são autores fictícios, mas dotados de personalidade. Vejamos, então, os heterônimos mais conhecidos de Pessoa. Os três são poetas.

1. ***Alberto Caeiro*** – Nasceu em 1989 e morreu tuberculoso em 1915. Era um homem simples do campo. De estatura mediana era loiro, de olhos azuis, órfão e estudou pouco, só até o primeiro ano. Seus textos são marcados pela ingenuidade, linguagem simples, versos livres que falam do amor à natureza e da simplicidade da vida no campo. Caeiro recusa qualquer explicação filosófica sobre a vida e pensa com os sentidos, não com a razão, para ele a felicidade reside em não pensar. É autor de ***O Guardador de Rebanhos***.

2. ***Ricardo Reis*** – Nasceu em 1887, na cidade do Porto e formou-se em medicina. Baixo, forte, moreno, vivia no Brasil e era monarquista de formação. Fazia uso da mitologia clássica e seu estilo era clássico e erudito e de linguagem rebuscada. Tinha temperamento racional. É autor das ***Odes***.

3. ***Álvaro de Campos*** – Nasceu em outubro de 1890. Um tipo alto e magro; engenheiro naval. Era o poeta do futuro, da velocidade, das máquinas, do tempo presente. Identificava-se com a Vanguarda Europeia. Seus textos eram contraditórios: ora marcados por uma grande energia, ora revelando a crise dos valores espirituais e a angústia do homem de seu tempo, inadaptado às condutas sociais. Um sujeito emocional. É autor de ***Tabacaria***.

No entanto, é de se considerar, evidentemente, Fernando Pessoa, ele mesmo. Vale dizer: seu ortônimo. Este apresenta características diferentes das de seus heterônimos. Expressa um profundo sentimento nacionalista e um apego à tradição portuguesa e sua produção literária é comumente dividida em: lírica e épica. O livro **Mensagem** é um exemplo da sua obra épica. Nesta obra, em uma clara aproximação com Camões, fala dos grandes feitos portugueses, dos reis e da época das grandes navegações. É autor, entre tantos outros, de **Autopsicografia**.

ESTUDO DE CASO: VAMOS JUNTOS?

Agora, proponho que pensemos aqui juntos uma forma de trabalhar em sala de aula, com a obra de Fernando Pessoa.

Pensar na heteronímia de Fernando Pessoa é pensar em sua multiplicidade, em sua miscelânea cultural é, enfim, pensar na alteridade e na multiculturalidade. Assim, propor a leitura e debate da obra heteronômica de Fernando Pessoa é assumir, como professor, a busca por uma educação multicultural crítica, caracterizada por perceber os anseios do outro a partir dos referenciais do outro e não dos nossos próprios.

Daí que numa turma de 3º ano do Ensino Médio se possa pensar em um trabalho que apresente a teoria multiculturalista em sua base conceitual, ressignificando as práticas pedagógicas a partir da poesia. Isto pode suscitar nos alunos o interesse pela poesia e o respeito e valorização dos "silenciados" ou "diferentes", como um aspecto da cidadania a ser valorizado. Nós vivemos em uma sociedade heterogênea quanto a gênero, raça, religião, "deficiências", padrões culturais e outros. Dessas diferenças surgem conflitos, porque a sociedade e a escola padronizaram um modelo como adequado, proporcionando direitos desiguais de sobrevivência.

Por conta disso, partindo das características de cada um dos heterônimos e sua produção poética, é possível analisar e debater as diferenças existentes entre os indivíduos e mesmo, suas ambiguidades internas, levando à percepção de que todos nós somos cidadãos, iguais em direitos, em nossa heterogeneidade. O conjunto de sua obra compõe toda uma literatura, com todas as nuanças de estilo diferenciadas entre si, numa projeção do complexo multifacetamento do mundo moderno.

Reflita a respeito e discuta com seus colegas.

CAPÍTULO 10
PEQUENA BIBLIOTECA DE AUTORES E ATIVIDADES II

A literatura oferece a cada sujeito uma bagagem de experiências que o define como leitor e que se reflete na sua formação humana e profissional. Como, então, trabalhar literaturas que, de algum modo, escapam à tradição canônica formada no bojo do desenvolvimento do Ocidente e Colonização das outras regiões do mundo? Como levar à sala de aula a leitura de textos forjados em outra perspectiva, aquela que os críticos chamam de periférica ou subalterna? Ou ainda: como trabalhar literaturas outras, que não aquelas tradicionalmente eleitas para o trabalho em sala de aula?

Em tese, a Lei Federal 11.645/2008 garante o respeito à diversidade cultural e étnica de nosso país, em particular, no que respeita à sua inclusão nos programas educacionais. Nela aparece a obrigatoriedade dos estudos sobre a história e a cultura afro-brasileira e indígena, cujos conteúdos devem ser inseridos "no âmbito de todo o currículo escolar, em especial nas áreas de educação artística e de literatura e história brasileiras" (BRASIL, 2008). No entanto, é bom que reprisemos, o apagamento da literatura como disciplina autônoma nos mais recentes documentos balizadores da Educação Básica brasileira acabam por promover o efeito contrário; uma vez que ao perder o *status* de disciplina, a Literatura passa a integrar o conteúdo de língua portuguesa perdendo relevância como área de conhecimento. Essa condição torna seu ensino dependente do tempo e interesses do professor da área de LP, não sendo definido e organizado pelo currículo escolar. Daí a necessidade, como já comentamos anteriormente, de procurar novas rotas para os estudos literários buscando forjar no estudante do EM brasileiro uma educação literária que possa novamente colocar a literatura no horizonte de fruição estética do jovem.

10.1 LITERATURA AFRO-BRASILEIRA NA SALA DE AULA: LEITURAS DO TEXTO LITERÁRIO

O português hoje é a língua oficial em oito países de quatro continentes: Angola, Brasil, Cabo Verde, Guiné Bissau, Moçambique, Portugal, São Tomé e Príncipe e Timor Leste e em dois territórios asiáticos mais: Goa e Macau, na China. O português é uma das línguas oficiais da União Europeia desde 1986, quando da admissão de Portugal na instituição. E em 1996, foi criada a Comunidade dos Países de Língua Portuguesa (CPLP), que reúne os países de língua oficial portuguesa com o propósito de aumentar a cooperação e o intercâmbio cultural entre os países membros e uniformizar e difundir a língua portuguesa a fim de melhor trabalhar o que propõe a BNCC por meio das habilidades **EM13LP48 e EM13LP52**.

A faixa africana colonizada por portugueses esteve sob o seu domínio até meados dos anos 1970. Mas, não teremos aqui tempo para um aprofundamento na história colonial africana, pois é de maior valia para nós olhar para a literatura africana de expressão portuguesa contemporânea.

E é bem certo, que não se pode falar da literatura africana sem se falar da "Negritude"; aliás, tema fundamental da literatura africana e cada vez mais presente também na cultura e literatura brasileiras de hoje. Esta literatura teve a sua origem no confronto, na rebelião literária, linguística e ideológica, na tomada de consciência revolucionária dos africanos a partir da década de

1840. E foi se desenvolvendo ao longo de todo o século XIX e XX. De fato, esta fase vai de meados da década de 1840 até às independências, em meados da década de 1970.

A partir do momento das independências as coisas começam a mudar e a adquirir novas configurações. É assim que a literatura africana passa a combater o exotismo sob todas as formas, quer se apresente recuperando narrativas tradicionais; quer se utilize de ritmos emprestados das culturas populares. Ou para dizer de outro modo: as literaturas africanas de língua portuguesa participam da tendência de investigar o espaço colonial e pós-colonial e regenerar-se a partir dessa originária e contínua representação. Os significadores desse processo, que constituem a singularidade literária africana atual, são potencialmente produtivos: sinteticamente, dizem respeito a uma identidade nacional como uma construção a partir de negociações de sentidos de identidades regionais e de compromisso de alteridades. O que as literaturas africanas propõem é que as identidades nacionais, regionais, culturais, ideológicas, socioeconômicas, estéticas, sejam geradas da capacidade de aceitar as diferenças.

< A África subsaariana >
Fonte da imagem: https://novaescola.org.br/conteudo/2393/africa-de-todos-nos

No campo estético, a literatura africana de língua portuguesa hoje busca com afinco o ingresso da oralidade na produção textual escrita. O engendramento estético pautado pelo uso da oralidade faz com que mais do que falar sobre as personagens, os escritores possam mostrá-las, conferindo, desse modo, um caráter performático aos textos literários. Essa opção corresponde a uma atitude diante da realidade, que não é nada mais nada menos que a demonstração de um sentimento de pertencimento à África.

O plurilinguíssimo dessa literatura parece revelar uma via de mão dupla, na busca da originalidade da cultura autóctone e na manutenção da língua da colonização, marca da presença cultural do outro. Disso resulta um **entrelugar**. E esse "entrelugar" pode ser evidenciado, por exemplo, pelo fato de a morte ser apresentada, nas Literaturas Africanas, na perspectiva de um estreito diálogo com a vida, no qual muitas personagens estão mortas, ou, nas palavras de Mia Couto, "estão vivas de outra maneira". Amparado por essa concepção cultural africana, há que se destacar, ainda, a importância que os velhos têm nesta sociedade. Eles são vistos como detentores do conhecimento, o que lhes conferia, nas sociedades tradicionais, um respeito muito grande, uma vez que detinham os costumes e as crenças que simbolizavam a tradição do grupo. Cabia aos velhos passarem esse conhecimento para os mais novos. Hoje ocupam lugar de destaque nessa literatura; o que evidencia uma hipótese de leitura por contraste com nossa cultura ocidentalizada que desvaloriza os idosos. Assim, esta analise apresenta caminhos de leitura possíveis dessa literatura no sentido de evidenciar outras formas do viver, outros valores. Dessa leitura se estabelecem reflexões acerca do mundo Ocidental contemporâneo na perspectiva dos temas transversais contemporâneos propostos na BNCC.

10.1.1   Moçambique e a literatura de Mia Couto

Vamos agora entrar na rota de Moçambique. Um país africano, de língua portuguesa, mas cujo rosto se volta para o Oceano Índico.

Em Moçambique, como nos outros países africanos de língua portuguesa, os escritores também evidenciam a crise que atravessa o país destruído por quase trinta anos de guerra. A história da sua literatura foi se construindo ao mesmo tempo em que se dava a consolidação da nação. É natural, portanto, que esteja fortemente marcada pela realidade social que constitui o seu entorno.

Mas, vamos ao mais importante escritor moçambicano contemporâneo e que hoje, é já assíduo frequentador dos mais importantes vestibulares brasileiros. Mia Couto, com seus romances, repensa a história moçambicana a partir de um trabalho arqueológico com os fantasmas da memória presentes no imaginário do país. Autor de enorme capacidade expressiva, Mia Couto transfere todo o seu potencial poético para a sua narrativa de ficção.

Na sua narrativa chama a atenção o motivo comum que atravessa sua escrita: a crise econômica e cultural que acompanha a sociedade moçambicana. De maneira geral, nas suas narrativas os motivos partem de histórias insólitas. O insólito é acompanhado por episódios satíricos, que imprimem dimensões hilariantes às histórias. O leitor é confrontado com situações que misturam elementos da esfera do real e do onírico, do mundo dos vivos e dos mortos, dos feitiços e do sobrenatural. A linguagem é fortemente influenciada pela tradição oral africana. O autor propõe uma transgressão dos padrões da língua portuguesa, numa manifesta postura de invenção de um novo registro discursivo, tal como Guimarães Rosa já o fizera. A simbologia, relacionada com o fantástico de certos eventos, entrelaça registros de diversas culturas africanas. No plano ideológico, tem-se a valorização da cultura tradicional moçambicana, postura existente em toda a sua obra ficcional.

10.1.2   Três nomes angolanos: Pepetela, Agualusa, Ondjaki

Como acontece com Moçambique que vimos há pouco, a literatura de Angola também reflete a influência de antecedentes e precursores de caráter social, cultural e estético. Além disso, um fator de grande influência é a tradição da oralidade que marca, inclusive, uma identidade cultural expressa na literatura. É uma literatura que se constrói a partir do diálogo da literatura ocidental e da tradição oral africana, numa relação de complementaridade e de mútua influência. A moderna literatura angolana assume um carácter eminentemente mestiço e é nesse balanço de poder, é nessa miscigenação de gêneros e de influências que se constrói certa forma de busca da identidade cultural da nação. Fonte de numerosas imagens, o mar tem lugar de destaque no discurso literário angolano.

E são muitos os escritores de destaque no panorama literário contemporâneo angolano. Um desses importantes autores é Pepetela, com seu famoso romance *Mayombe*, que ultrapassando a dimensão apenas ideológica das narrativas comprometidas com a utopia da Revolução, discute valores humanos universais, como o amor, o sexo e a amizade, além de criticar o tribalismo e as contradições da própria guerra. Pepetela é um dos grandes escritores angolanos, cuja obra apresenta várias fases, na medida em que continua a escrever até hoje. E *Mayombe* é uma obra que já aparece nos vestibulares brasileiros como leitura obrigatória. Assim, é importante ter sempre isso em mente ao escolher repertório literário para a sala de aula, no sentido de sempre ampliar o leque de leituras.

Ao nos debruçarmos sobre os romances de Pepetela, somos remetidos a uma narrativa desenvolvida em profunda convergência com a realidade angolana. Os personagens construídos estão em diálogo com a complexidade que forma a política e as relações de poder de Angola no pós-independência. Cercados de ironia, seus personagens são metáforas de uma sociedade marcada por uma política de corrupção. Estas representações estão diretamente relacionadas com a posição intelectual que Pepetela ocupa na sua sociedade. Pois suas críticas estão em diálogo com os anseios de um projeto político que não se consolidou por conta dos interesses individuais que emergiram. E são estes interesses que vão ser enfatizados em seus romances.

José Eduardo Agualusa é autor de uma obra múltipla e ambígua que problematiza e questiona as "verdades" ditas acerca da História de Angola, em um discurso narrativo que apresenta "traços de veracidade" que, inseridos em obras ficcionais, as inscrevem num lugar entre o fato e a ficção. Em sua obra o escritor privilegia, sobretudo, a representação da violência simbólica que acompanha as práticas truculentas do período pós-revolucionário, permitindo, assim, um redimensionamento dos efeitos pós-coloniais em Angola. Mas, é bom ter em conta que Agualusa é um escritor que entroniza as literaturas angolana, portuguesa e brasileira, já que mora por aqui há muitos anos.

O Vendedor de Passados, A Educação Sentimental dos Pássaros e ***Estação das Chuvas*** são três de suas importantes obras romanescas.

Seguindo adiante podemos observar o jovem escritor Ondjaki, que nasceu em Luanda, capital de Angola. Sua trajetória artística passa também pela atuação teatral e pela pintura.

Poeta, prosador, procura, em sua obra, muito mais uma identidade subjetiva que nacional – como buscam autores que viveram as guerras de colonização, como Pepetela – e apresenta as dúvidas das gerações mais novas de Angola. Seus livros são mais intimistas e apresentam uma escrita marcada, sobretudo, pela oralidade. Ondjaki é um dos autores que trabalha com a representação da infância e da velhice em sua obra, como em **Os da minha Rua** e **Avódezanove** e o **Segredo do Soviético**.

ESTUDO DE CASO: ÁFRICA

Em momentos anteriores vimos diferentes estudos de caso que tomam como premissa a literatura mesma. Aqui, a proposta é pensar do ponto de vista avaliativo. Digamos que você precise trabalhar com seus alunos competências avaliativas para prepará-lo para o ENEM ou para o vestibular. Que tal pensar a respeito de como se estruturam as questões ou pensar no tipo de temática que abordam?

Pois muito bem: Sejam Mia Couto e Ondjaki os autores escolhidos. Vamos aos fragmentos textuais selecionados para o nosso trabalho.

TEXTO 1

"[...] é feita de vagas, líquidas linhas que sobem e descem. — É isso manito. Essa letra é feita por ondas. (p. 20) [...] a seguir é um a. É uma ave, uma gaivota pousada nela própria, enrodilhada perante a brisa fria. (p. 22) — E a seguinte letrinha? — É uma letra tirada da pedra. É o r da rocha. E os dedos da menina magoaram-se no r duro e rugoso, com suas ásperas arestas. [...] — Calem-se todos: Já se escuta o marulhar! (p. 25) [...]"

COUTO, Mia. O beijo da palavrinha. Lisboa: Editorial Caminho, 2008.

TEXTO 2

"[...] — Sempre gostei muito das palavras, mesmo daquelas que ainda não conheço, sabes? Existem palavras que estão no nosso coração e que ainda nunca estiveram na nossa boca... Nunca sentiste isso? — finalmente perguntou Ynari. [...]" (p. 16).

ONDJAKI. **Ynari, a menina das cinco tranças**. Lisboa: Caminho, 2006.

Partindo da leitura dos fragmentos, dos escritores africanos Mia Couto (Moçambique) e Ondjaki (Angola), seria possível propor a um grupo de alunos de 1º ano do EM que analisassem quais, entre as afirmativas oferecidas a respeito do emprego simbólico das palavras que se observa muitas vezes na literatura, estão corretas:

I.   Adquiram uma riqueza de significados diversa daquela do cotidiano

II. Elaborem um espaço restrito ao mundo de quem as conhece

III. Tenham um grande poder criador

IV. Proponham a descoberta de novos mundos

De fato, são corretas as afirmações I, III e IV, pois para o aluno de 1º ano do E.M. seria adequada a percepção de que a experiência sensorial proporcionada pela palavra em seus usos simbólicos equivale a força e beleza da palavra, revitalizando a linguagem, rompendo paradigmas e (re) criando significados; propondo, portanto, novos mundos. E tais mundos, estão abertos a quem os queira conhecer, não são mundos de fronteiras restritivas.

Partindo da mesma seleção de textos – Mia Couto e Ondjaki – reelabore a questão (enunciado, afirmativas, alternativas, gabarito e comentário) enfocando outros aspectos.

10.2 NEGRITUDES

A população afrodescendente brasileira vem lutando para afirmar a sua cidadania e pertencimento de plenos direitos como as demais etnias que contribuem para o que chamamos de identidade nacional. Na construção desse processo o estabelecimento de uma literatura ou, mais precisamente, uma matriz discursiva pode desenhar um perfil para essa produção; a saber: temas, autores, ponto de vista, linguagem e público. Nesse processo, conhecer a história e a cultura de origem africana é determinante no combate ao preconceito e na luta por igualdade.

A Educação brasileira atravessa um período de alteração em suas concepções. As reformas em processo de implemento, promovidas pela publicação da BNCC, sinalizam os caminhos e diretrizes para o desenvolvimento da educação que temos diante de nós. Neste sentido, precisamos repensar o conjunto de temas a serem trabalhados em sala de aula e, nesta perspectiva, repensar o cânone, no sentido de ampliar nossas fontes e criar uma maior visibilidade para obras que sempre estiveram fora do panorama canônico. Assim, pensar as literaturas afro-brasileira e indígena do ponto de vista de seu ensino e produção é um desafio político, cultural e social, na medida em que um *corpus* canônico dessas literaturas – apesar de sua inserção em diferentes programas governamentais – ainda é um devir.

Devemos iniciar o debate tecendo a consideração de que a literatura dos países colonizados de língua portuguesa estabeleceu no transcurso do tempo uma política de negociação com as ideologias colonizadoras lusitanas na qual o imaginário e a memória são fatores preponderantes no que diz respeito à "denúncia" de um sujeito que está sempre em processo de reelaboração; o sujeito negro. No caso brasileiro, esse sujeito é, obrigatoriamente, um sujeito herdeiro da diáspora.

O termo "diáspora", que vem de um antigo termo grego que significa "dispersão", refere-se a indivíduos que deixaram seus países de origem, mas mantêm algum tipo de vínculo com eles. E, neste sentido, a diáspora africana surge como uma resposta coletiva decolonial. Baseia-se na necessidade de redescobrir e/ou resgatar o patrimônio cultural, social e religioso ancestral africano que foi negado por séculos àqueles que descendem dos que foram escravizados em território americano. No entanto, e simultaneamente, o sujeito da diáspora é também aquele que sofre um processo de alienação e fragmentação identitárias sendo, portanto, essa literatura uma forma de memória e de manifestação do resgate da identidade.

O trabalho com autores como Carolina Maria de Jesus, Solano Trindade, Paulo Lins, Ricardo Aleixo, Elisa Lucinda, entre diversos outros escritores brasileiros afrodescendentes, pode evidenciar como tais comunidades tratam, no momento contemporâneo, suas questões relacionadas ao seu lugar social, à sua memória, à sua comunidade circundante e, especialmente, ao legado recebido de sua etnia, ou o que chamamos ancestralidade. Na obra desses autores, as palavras têm o peso da experiência vivida e da projeção dos traços do ser humano, vertidos em poemas e/ou narrativas que enunciam uma existência invisível desses sujeitos negros e, não raro, silenciada. Além disso, pode-se trabalhar comparativamente com a literatura produzida na África de língua portuguesa; especialmente em relação aos temas abordados.

Contudo, para além de um olhar estritamente literário, há um olhar pedagógico a ser considerado quando tratamos da negritude no Brasil e na literatura brasileira em sala de aula: a diversidade étnico-racial presente no ambiente escolar. E é neste sentido que a obra de tais autores, entre os quais Conceição Evaristo, que abordaremos mais adiante, adquire relevância para um trabalho em sala de aula, não podendo o professor esquivar-se do trabalho com tais conteúdos.

Antes de pensar em aspectos relacionados às abordagens literária e pedagógica sobre a obra escolhida é preciso considerar outros aspectos que precedem essa questão; qual seja: a legitimidade das leis 10.639/03 e 11.645/08, em cujo teor se institui a obrigatoriedade do ensino das histórias africana e indígena nos currículos da Educação Básica brasileira; justificando, assim, a presença de títulos nos diferentes programas governamentais voltados para a leitura e o letramento; tais como o antigo PNBE e o atual PNLD. Assim, ainda que com muita demora, nosso país estabeleceu o ingresso desses conteúdos no cotidiano escolar no conjunto das disciplinas das ciências humanas aplicadas e nas disciplinas pertencentes ao campo das linguagens e suas tecnologias. Isto posto, tomemos como obra a ser trabalhada em sala de aula o romance *Ponciá Vicêncio*, de Conceição Evaristo, publicado em 2003, que nos servirá de exemplo de trabalho de análise literária em sala de aula. Aqui faremos uma leitura vinculada ao campo da crítica literária, o que nos possibilita trabalhar texto e contexto, forma e conteúdo, estética literária e sociedade.

Ponciá Vicêncio narra a história da protagonista que dá nome ao romance em uma sequência não linear, que lança mão do recurso do *flashback*. O narrador onisciente que habita as memórias da protagonista e demais membros de sua família transmite essas memórias para o leitor aproximando-se das personagens. Tal como ocorre nos romances de formação, no romance *Ponciá Vicêncio* o leitor pode observar a trajetória da protagonista desde a infância até a idade adulta, analisando seus afetos e desafetos e seu envolvimento com a família e amigos. O enredo discute a identidade de Ponciá, centrada na herança do avô, e estabelece um diálogo entre passado e presente; memória e vivência; real e imaginado.

Em ***Ponciá Vicêncio*** história, tempo e espaço são os elementos que aparecem conectados pela memória da protagonista Ponciá. A memória – tanto a individual como a coletiva – é o fio condutor da narrativa que está relacionada à construção e ao reconhecimento da identidade afro-brasileira. A presença dessa memória ancestral no romance indica a presença de traços de uma identidade que sobreviveu ao tempo, resistindo ao processo colonizador de exploração e discriminação. Neste sentido, a obra proporciona um estudo interdisciplinar entre o conhecimento histórico e o literário na construção da identidade afro-brasileira. Estudos como este, fundamentados em obras que, embora não pertencentes ao cânone literário *stricto sensu*, carregam uma força cultural enorme, vem demonstrar a sensibilidade de uma literatura que começa a ocupar alguns espaços no conjunto da produção literária brasileira e que socializa um saber real do sujeito afrodescendente, no exercício de descoberta de seus ancestrais, para compreender e explicar os conflitos culturais e raciais que povoam o dia a dia brasileiro. Conforme bem aponta Sousa e Silva (2007),

> Ponciá, na verdade, simboliza o espaço e o tempo de uma história contundida, de exclusão e subserviência que foi imposto ao povo afro-descendente brasileiro. Ficção e realidade se imbricam nas camadas narrativas, todavia o que vai aflorando é uma escrita tensa e densa de dizeres sofridos, numa lírica contundente.

A importância de se proceder a este giro para uma literatura mais contemporânea e de matriz afrodescendente que por muito tempo esteve alijada do cânone, muito embora precise ocupar o seu lugar, está em reconhecer quais obras tem importância literária capaz de congregar estética e potência sociocultural e, com isto, fazê-las integrar o cânone. Há que se observar, igualmente, que as propostas de trabalho com tais títulos devem ir mais além da mera abordagem de elementos estético-literários, destacando o elemento político, intrínseco a qualquer discussão e/ou trabalho coerente sobre formação de leitores.

É o caso, assim, da breve proposta de leitura que apresentamos sobre o romance ***Ponciá Vicêncio*** de Conceição Evaristo, que por sua atualidade e potência se insere na discussão acerca da realidade étnico-racial brasileira, levando o leitor a refletir sobre o tema a partir da ficção. Daí sua importância em sala de aula. Conceição Evaristo é uma importante escritora da literatura brasileira contemporânea. Em sua obra, procura trazer reflexões sobre raça e gênero, a fim de revelar o problema da desigualdade e de resgatar uma memória afro-brasileira em sua riqueza e potencialidade.

Neste sentido é importante reconhecer que há e sempre houve – ou ao menos desde o século XVIII, como revelam os manuscritos da primeira escritora negra brasileira, Maria Firmina dos Reis, *Úrsula* (1859), uma literatura afro-brasileira. Que há nessas produções qualidade estética inegável, que não se reduz a uma escrita panfletária e que traz referências reveladoras da identidade negra brasileira e suas inquietações quanto à inserção de si, da identidade do povo negro e da cultura ancestral negra no contexto geral da cultura brasileira.

Fonte da imagem: https://www.casaum.org/
heroinas-negras-do-brasil-cinco-mulheres-que-todos-devem-conhecer/

Assim, o ingresso dessa literatura no *corpus* de obras a serem trabalhados no contexto escolar vincula-se a uma proposta que pretende trabalhar a múltipla perspectiva da vida humana e social de cada brasileiro a partir de diferentes ângulos de apreensão do indivíduo e do mundo pela literatura, conforme propõe a habilidade **EM13LP49,** considerando o contexto de produção (diáspora afrodescendente brasileira) e o modo como dialogam com o presente (a busca pela ressignificação das identidades), para ecoar o que preceitua a habilidade **EM13LP52.**

10.3 A LITERATURA INDÍGENA NO CONTEXTO ESCOLAR: CONSIDERAÇÕES

Autores e obras indígenas também figuram em programas de educação literária, como o antigo PNBE e o atual PNLD Literário, embora de forma ainda incipiente, pois a literatura indígena ainda carece de espaço e reconhecimento no contexto educacional brasileiro; bem como, nos programas de leitura e pesquisas acadêmicas. Além disso, é notória a persistência do desconhecimento dessa literatura por parte de docentes e coordenadores pedagógicos. Com efeito, é de se observar que a literatura indígena pouco integra os livros instrucionais e/ou de educação continuada de professores, cujos conteúdos deveriam abordar a história e a cultura indígena na perspectiva multidisciplinar e da pluralidade cultural contemporânea. Se houvesse tal inserção, certamente resultaria mais fácil a inclusão desta literatura no cânone nacional e, com isso, se cumpriria de modo mais eficiente, e porque não dizer, verdadeiro, as propostas pedagógicas de multiletramento literário.

Assim, pensar na inclusão educacional da literatura indígena, é propor um desafio político, cultural e social que passa pela construção de uma nova forma de olhar para essas culturas. E, o desenvolvimento de um novo olhar sobre a cultura nativa do país, proporcionado pelos textos literários indígenas contribui para o desenvolvimento de reflexões literárias, culturais, históricas e antropológicas, uma vez que promove a ampliação de perspectivas acerca das identidades indígenas brasileiras.

Daí que inicialmente, há que se pensar nos contextos de produção da literatura indígena em nosso país. Isso porque se trata de uma produção literária de origem predominantemente oral que busca perpetuar seu saber tradicional. A cultura indígena brasileira mantém fortes vínculos com a oralidade e, por meio dela, com os movimentos memorialísticos. Assim, a partir da memória cultural, compartilhada entre anciãos e jovens, desenvolve-se um vínculo de identidade e pertencimento que se apoia na tradição e na ancestralidade.

A concepção de alteridade indígena frente ao modelo ocidental é o que caracteriza e compõe a cultura indígena brasileira revelando a importância da voz ancestral que representa a ligação do momento presente com os ensinamentos desenvolvidos no passado. Assim, ao dar a palavra às pessoas mais velhas da tribo, a literatura indígena permite a transmissão de crenças e conhecimentos que atravessam gerações.

<moça da etnia Guarani>
Fonte da imagem: https://www.freepik.com/premium-photo/female-young-indian-from-pataxa-tribe-brazilian-indian_16407822.htm#page=2&query=TUPI%20GUARANI&position=26&from_view=search&track=ais

Por isso mesmo, a marca caracterizadora dessa literatura é o resgate e a defesa de suas culturas por meio das memórias ancestrais. Em tais textos, desvelam-se conhecimentos, mitos, lendas e rituais que são objeto de transmissão oral e cujo propósito é o de fixar-se como um instrumento de luta, conscientização e libertação. Tanto a poesia como a narrativa tratam do conhecimento ancestral e da revitalização dos traços de identidade e da tradição através das histórias vivenciadas e narradas pelos ancestrais. Há fortes traços de uma busca por pertencimento e formação de identidade nessas narrativas, que hoje encontramos como registros escritos das memórias legadas pela tradição oral.

O uso da literatura, a fim de preservar as culturas indígenas, favorece a compreensão das culturas desses povos que, no transcurso de cinco séculos, foram estigmatizados e subestimados pelo ocidente. A literatura contemporânea indígena evidencia que a força e o desejo de reconhecimento sempre existiram, entretanto, historicamente nunca foram valorizados.

É neste sentido que o professor contemporâneo que se dedique a trabalhar com as diferentes produções literárias que existem no Brasil, incluindo a produção indígena, deverá ter em mente que seu trabalho irá, necessariamente, colaborar na construção de um imaginário capaz de promover a superação da colonialidade e estabelecer relações de poder, saber e ser adequadas ao viver mais plural e democrático fundado na interculturalidade; sem deixar de considerar que também fazem parte desse contexto, outras necessidades de cuidados e respeito espiritual, do meio ambiente e do meio social, permeadas pelas questões étnico-raciais.

Trata-se, enfim, de uma formação educacional mais humana, que se funda em valores como a cidadania e o civismo, também previstos no conjunto dos temas contemporâneos transversais.

> ### ATENÇÃO
>
> **Multiculturalidade** – Refere-se à presença em um mesmo local de diferentes culturas que não estão relacionadas entre si ou que podem ou não ter uma relação de convivência. Note-se que, no multiculturalismo há sempre uma cultura dominante que "aceita", por assim dizer, as culturas minoritárias com as quais coabita.

> **Interculturalidade** – Refere-se à presença e interação
> equitativa de diferentes culturas e à possibilidade de gerar
> expressões culturais compartilhadas, por meio do diálogo
> e do respeito mútuo.

Para além dessa literatura vinculada à oralidade e à ancestralidade, há na produção literária indígena contemporânea um estreito vínculo com as questões ambientais. Segundo (ALMEIDA; QUEIROZ, 2004, p. 228),

> *Suas observações revelam, em geral, a degradação do meio ambiente em razões de métodos de cultura impróprios e da superexploração dos recursos naturais, como, por exemplo, o impacto das madeireiras e mineradoras; os conflitos internos gerados pelo proselitismo religioso das diferentes seitas e ordens religiosas. [...] Em face desse panorama negativo do progresso e a modernidade, os escritores indígenas apontam uma alternativa política, através de um modelo de comunidade contrário ao mundo metropolitano.*

Entre os autores que enveredaram por esta trilha podemos destacar: Daniel Munduruku, Eliana Potiguara, Kaká Werá Jecupé, entre outros nomes, todos com produção recente. Com efeito, na literatura indígena, busca-se constantemente a relação Homem/Natureza como uma espécie de metáfora da construção da identidade coletiva e da pluralidade cultural indígena. Para os povos originários do território brasileiro, a natureza é detentora da sabedoria do mundo (revelada aos ancestrais). Daí a compreensão que têm das questões ambientais e seu posicionamento contundente quanto às necessidades de preservação do meio ambiente.

Mas, uma obra literária é fruto da inter-relação entre autor, leitor e sociedade. Para um trabalho efetivo com a cultura e literatura indígena em sala de aula o professor deverá apresentar e propor aos seus alunos a leitura dos textos dessa literatura, a fim de promover a discussão em sala de aula.

Pode-se estimular a pesquisa e a socialização de da literatura indígena por meio de saraus, tertúlias literárias, ou mesmo de representações teatrais em eventos escolares coletivos.

10.3.1   O mundo indígena e o contemporâneo

É importante traçar, neste momento, algumas considerações que extrapolam o objeto literário em si mesmo e que avançam para uma questão que poderíamos chamar de social contemporânea. Nossa sociedade é, de *per si*, intercultural. Vale dizer: no próprio contexto de sala de aula vivemos a realidade da heterogeneidade cultural; somos negros, brancos, índios, asiáticos... Há, no contexto escolar nacional a reprodução de nossa sociedade, uma sociedade feita de povos de origens diversas, muitas vezes resultantes de diásporas diversas e, no caso das culturas nativas, também de diferente origem e cultura.

Daí que não se possa tratar aos indígenas como sujeitos do período da invasão colonizadora, como um personagem petrificado no tempo, tal como foi estereotipado no transcurso da história. O indígena hoje – e, portanto, também a sua produção literária – deve ser compreendido como um sujeito que integra a sociedade contemporânea, que pode ser e agir como qualquer cidadão, ainda que pertença a uma cultura com singularidades distintas às ocidentais. Deste modo, no ambiente urbano, pode-se inserir essa cultura indígena nas expressões e práticas pedagógicas cotidianas, tal como fazemos com as culturas juvenis urbanas de outra origem.

Neste sentido, assim como se vê indígenas jovens participantes da sociedade atual com manifestações no campo do *rap* ou da cultura *slamer*, pode-se pensar do mesmo modo ao fazer propostas para práticas pedagógicas no campo literário. E isso é perfeitamente possível, uma vez que uma das vertentes literárias utilizadas por escritores indígenas é a poesia, o que favorece o trabalho com práticas contemporâneas como o *slam poetry* ou fazendo uso das redes sociais digitais, por exemplo.

A poesia nas mãos do professor torna-se, assim, uma ferramenta didática a ser utilizada em sala de aula na formação cidadã de todos. Isso porque, essa é uma forma de inserir a cultura indígena em pé de igualdade a outras formas e expressões da cultura nacional, na medida em que retira aquele caráter exótico que o universo indígena sempre carregou, mas que carece de um sentido real.

Com efeito, o ressurgimento e a visibilidade das literaturas de autoria indígena representam hoje um dos mais importantes fenômenos culturais porque, entre outros aspectos, detalha alguns dos processos sociais, políticos e culturais que tornam visíveis as literaturas indígenas. Além disso, estabelece uma noção de "literaturas indígenas" que não se refere exclusivamente a uma produção textual em línguas nativas, ou baseada na "tradição oral", mas sim a obras de autores que primeiro afirmam uma posição ou *locus* de enunciação indígena com base em origens linguísticas, culturais e geográficas que, embora sejam descentradas frente à cultura ocidental, se querem contemporâneas.

> **REFLEXÃO**
>
> Há uma vasta produção indígena contemporânea, tanto oral como escrita. Tanto em língua portuguesa como nas línguas nativas, apontando, neste sentido, para o multilinguismo brasileiro – aspecto de nossa cultura quase sempre desconsiderado.

No entanto, é de se observar que as misturas se produzem. Observe e reflita de que maneira se processam hibridizações culturais no vídeo – que traz a oralidade indígena impregnada de cultura *hip-hop* – e nos textos recolhidos nas comunidades do Vale do Paraíba e de que modo podemos usar essa cultura material em nossas aulas de literatura.

a. Poesia indígena na língua do povo Puri – Disponível em: https://www.youtube.com/watch?v=1LsF-_hXExk

b. GUIMARÃES, R. **Contos Índios**. *São Paulo: Faro editorial, 2020.*

Disponível em: https://faroeditorial.com.br/site2020/wp--content/uploads/2020/09/Miolo-Contos-indi%CC%81genas-OGF-02.pdf

Por outro lado, as literaturas indígenas, em sua maioria, operam de forma autoetnográfica. Isso envolve colaboração e apropriação selecionadas das linguagens das metrópoles ou do conquistador para criar autorrepresentações voltadas tanto para o público metropolitano quanto para as próprias comunidades. Não se trata mais de informantes nativos que dizem o que o especialista quer ouvir, mas de autores que agora mais do que antes têm plena consciência de seu papel como mediadores de seus povos e do uso da palavra para questionar o Ocidente.

As novas gerações de escritores indígenas aperfeiçoaram as lições de seus antecessores e em suas obras encontram-se novos exercícios para resgatar e reescrever a história. Ou seja, eles têm consciência de que o passado não é uma simples reserva de material, mas palco de intensas lutas discursivas e conceituais que a cada momento envolveram automodernizações constantes para regenerar o mundo indígena. Além disso, se prestam aos estudos transversais contemporâneos e aos estudos interdisciplinares com as ciências humanas aplicadas na medida em que podem ser compreendidas dentro de um contexto social mais amplo, na relação entre o literário e social, e porque também está associada a negociações entre povos nativos e o estado-nação em relação aos direitos civis.

CAPÍTULO 11
PEQUENA BIBLIOTECA DE AUTORES E ATIVIDADES III

Falar do mundo contemporâneo pode parecer simples na medida em que fazemos parte dele. Mas, será que a falta de distanciamento nos permite uma visão límpida das coisas? Quando tem início o momento contemporâneo? O que se entende por contemporaneidade? O que é a pós-modernidade de que tantos falam? Em um mundo globalizado e interconectado, qual o lugar da literatura? Como trabalhá-la?

Vejamos, deste modo, como a literatura vem se inserindo no contexto do mundo contemporâneo. Chamamos de **Literatura Contemporânea** ao que se escreve a partir dos anos 1940/1950 para cá; vale dizer: tudo o que ocorreu após a II Grande Guerra e no contexto da Guerra Fria que assolou o mundo inteiro. Nas disciplinas de literatura brasileira, portuguesa etc., se observa um privilégio dos estudos sobre a lírica e sobre as diferentes formas narrativas; como os romances e os contos e com isso parece que o teatro fica um pouco de fora. De fato, dos três gêneros básicos, segundo Aristóteles parece que privilegiamos dois deles. Pelo menos, é o que acontece predominantemente nos estudos das literaturas de língua portuguesa e, em um nicho que convencionou chamar-se de "alta literatura", que em tese, aborda grandes questões no contexto geopolítico de seu momento de produção.

E se agora voltássemos os olhos para o teatro? Seria válido? A verdade é que, diferentemente de épocas anteriores, o teatro e suas formas derivadas tiveram um desenvolvimento singular e significativo nos últimos 100 anos; o que pressupõe um robustecimento de sua importância para as sociedades contemporâneas. E, de certo modo, isso ocorre porque o gênero teatral estabeleceu vínculos estreitos com o cinema e a TV. E se isso já era assim nos idos de 1960, agora que vivemos um momento no qual a explosão dos meios de comunicação acontece de uma forma nunca vista na História, tal perspectiva se acentua ainda mais. As novas tecnologias de comunicação trouxeram consequências que incidem inevitavelmente não somente sobre o papel da arte na sociedade contemporânea, como também sobre a função da linguagem e a natureza da literatura.

Para além disso, é preciso pensar nas novas mídias como, por exemplo, as plataformas de *streaming*. Neste sentido, podemos pensar no teatro e suas derivações contemporâneas como as novelas de TV, o cinema e as séries, que se apropriam da linguagem teatral – a ausência do narrador – e se hibridizam às técnicas do audiovisual e, ainda, o grande movimento de adaptações de romances e outras formas narrativas as mais diversas (entre antigos e contemporâneos) a fim de trazê-las para o campo audiovisual. Tudo isso se traduz em material farto para o professor de literatura trabalhar em sala de aula.

Por outro lado, ainda, é preciso observar a literatura brasileira em cotejo com outras literaturas, em outras línguas, a fim de inseri-la no contexto globalizado. Sobre o conjunto de tais temas, falaremos pouco a pouco mais adiante.

11.1 A LITERATURA NO MUNDO HOJE: CONTEMPORANEIDADES

Falar de literatura é também falar de arte, situá-la na esfera da estética. Esta, antes de ser apologia ao belo, às formas perfeitas ou a um estado contemplativo – passivo de apreciação de uma obra de arte ou a um estado de pura inspiração para sua execução – está associada aos sentidos, à percepção por meio dos sentidos.

Os sentidos são uma forma imediata de aproximação e compreensão do mundo. Mas, nem por isso, eles impedem um aprofundamento reflexivo, pensado e lógico sobre ele, por meio de mediações posteriores. O artista, e neste caso nosso, o poeta, o dramaturgo, o prosador sentem que penetram na realidade e desenvolvem seus conhecimentos não apenas pela via da razão e da lógica, mas, também, da sensibilidade, da emoção, da intuição; tão importantes quanto à razão. São formas outras de se apropriar do mundo e do conhecimento. A arte – e a literatura, por extensão – é também uma forma de compreensão da realidade. E, neste sentido, levar a literatura para a sala de aula é levar ao aluno essa outra forma ou possibilidade de compreensão da realidade e do mundo.

Outro aspecto muito importante a ressaltar é a qualidade polifônica e polissêmica da arte e, por conseguinte, da literatura. Existem numa obra muitas outras obras que deixaram suas marcas na grande temporalidade. O artista busca nelas a matéria-prima para o seu trabalho. Da mesma forma, habitam num texto literário muitas outras vozes e sentidos que ajudam a constituir a voz do poeta, do narrador e, portanto, as diferentes vozes sociais. Mikhail Bakhtin defende que o discurso verbal é polifônico por natureza, que não existe a "minha-palavra-original", mas sim a "palavra-nossa", que num processo constante de apropriação se torna "palavra-nossa-minha", palavra essa que traz marcas de tantas outras vozes. Bakhtin define essa qualidade como constituidora do discurso, mas, sobretudo, constituidora do discurso literário; nenhum outro gênero textual apresenta esse aspecto polifônico e dialógico tão marcante em sua constituição como os textos literários.

Por essa razão a literatura, mais que qualquer outro gênero textual, exige um trabalho criativo com a linguagem e a prática da expressão livre. Nela, a língua se afasta de uma concepção instrumental, transmissora de conteúdos, para assumir plenamente seu estatuto de produção de conhecimento; ultrapassa a condição de mero sistema convencional de formas sonoras e abstratas como, também, de reflexo unicamente dos pensamentos individuais. A língua, por natureza, é viva, dinâmica, polissêmica; mais que veículo passivo de informação, ela deve manifestar sua essência crítica e transgressora. A literatura é palco ideal para essa manifestação, sua essência artística permite que todo potencial expressivo, imaginário e fictício seja explorado, possibilitando formas outras de experiência *na e com a* realidade.

E se vamos falar da literatura que se produz no mundo desde 1950, é certo que nos debruçaremos sobre uma infinidade de autores difícil de contabilizar. A segunda metade do século XX amolda uma mudança de percurso considerável em relação à primeira. Depois da II Grande Guerra, o período da conhecida **Guerra Fria** começa e o mundo está dividido em dois. A América Latina continua sua jornada ditatorial que só chegaria ao fim no final do século. O mundo muda de perfil. A explosão demográfica mundial que ocorre após os anos 1960 impulsiona o processo irreversível de instalação da **Indústria Cultural** e, com ela, o advento, entre outras coisas, dos chamados *best-sellers*.

<Indústria cultural>
Fonte: https://www.significados.com.br/o-que-e-industria-cultural/

A indústria e o setor terciário adquirem maior amplitude e o comércio internacional inicia seu melhor momento de expansão. A TV impõe seu poder comunicativo à cultura de massa e a cultura do *marketing,* aos poucos, se apropria de todos os recantos do mundo. Marco fundamental na história da América Latina na segunda metade do século XX, a Revolução Cubana promove uma visão nova e curiosa do mundo em direção ao interior do continente; incluindo o Brasil. Dos EUA chega o movimento *hippie* e a **Contracultura**. Aqueles eram os dias em que a política exigia alianças e discordâncias de solidariedade, proclamações e distanciamentos. Foram anos em que as citações e a imagem de "Che Guevara" apareceram em grafites políticos, mas também em mercadorias.

E vamos seguir com os desdobramentos do universo literário no transcurso da história. As muitas formas da lírica perduram até hoje. Elas vêm e vão, mas as mudanças não são tão significativas. E isso acontece porque a lírica se volta sempre para as emoções, para os sentimentos humanos. E estes, são eternamente os mesmos: amor, tristeza, saudade, alegria, decepção, amizade, e tantos outros... Mas, mesmo assim, em tempos mais recentes muitos artistas decidiram misturar os diferentes elementos da lírica ou ainda, misturar a lírica a outras formas artísticas.

> **LEMBRE-SE...**
>
> As diferentes expressões artísticas podem misturar-se. A isto chamamos hibridização. É o caso, por exemplo, do soneto FANATISMO, da poetisa portuguesa Florbela Espanca, que foi musicado pelo compositor cearense Fagner e... de soneto, virou canção! Mas este é um caso pontual e não mostra, exatamente, uma mistura intrincada de gêneros; apenas a congregação de poesia e música resultando neste subgênero de ambos que é a canção.

Já a narrativa tomou outros rumos ao longo da história. Como as narrativas contam histórias e as Histórias dos povos mudaram muito no transcurso do tempo, as formas narrativas precisaram se adequar ao rumo das coisas. Daí que os contos orais e de folclore com o tempo deram lugar, entre outros, ao surgimento dos contos de fadas e da literatura infanto-juvenil; também conhecida como LIJ. Isso ocorreu quando as sociedades começaram a atribuir uma importância especial à infância! E a LIJ surge no contexto europeu da Modernidade. Por Modernidade se entende a civilização de modelo ocidental surgida a partir do período das Grandes Navegações. Mas, mesmo essa produção se renova com o surgimento da chamada pós-modernidade.

A LIJ surge entre os séculos IX e X na Europa. Essas histórias foram sendo transmitidas e se modificando de acordo com a sociedade e a época. Somente no século XVII se inicia uma preocupação com uma literatura para crianças. Começou a produção de livros com histórias adaptadas, que mais tarde, se tornaram sinônimo de LIJ. A concepção de infância e adolescência, e consequentemente, de LIJ foi se modificando de acordo com cada sociedade. Mas, não podemos nunca nos esquecer que junto à LIJ se manteve sempre, com muita vitalidade, a manifestação literária folclórica, popular que engrossa, desde tempos remotos, a tradição oral.

Daí a importância de rastrear as origens da LIJ clássica, a partir de sua origem: a Novelística Popular Medieval, cujas raízes mais remotas vêm de temas orientais (indo-europeias). Quando falamos de contos de Perrault, Grimm, Andersen ou as fábulas de La Fontaine esquecemos que não correspondem aos verdadeiros autores de tais narrativas. São escritores que desde o século XVIII, interessados na literatura folclórica criada pelo povo, reuniram as estórias anônimas e orais, que há séculos vinham sendo transmitidas de geração em geração, e as transcreveram por escrito. Registradas em livro, receberam os nomes de seus recriadores e continuam a ser difundidas através do tempo e do espaço. Hoje, estão nas telas, apoiadas pelo universo das artes gráficas.

Se pensarmos na épica, aquela dos grandes heróis protegidos pelos deuses, ela pertence à Antiguidade greco-romana, como na **Eneida** de Virgílio. As Novelas de Cavalaria pertencem aos tempos áureos das cruzadas e da cavalaria medieval. Mas, lá nos 1500 Camões retoma a grande épica para contar o grande feito das navegações portuguesas; movimentos de resgate do passado que a literatura se permite fazer. Contudo, o período da chamada Modernidade, aquela que se vincula à Revolução Francesa e à Revolução Industrial assistiu mesmo à ascensão do gênero romanesco, em prosa, que contava as histórias do homem burguês, urbano. **Mme. Bovary**, **O Primo Basílio** e **Dom Casmurro** são grandes exemplos do modo de vida burguês do século XIX. É a épica moderna por excelência: o romance.

Mas, é fato que o romance, assim como as outras formas literárias, se moderniza; incorpora outros elementos, como o fluxo da narrativa, busca outros tipos de personagens que não coincidem com o homem urbano, burguês, conta outro rol de histórias completamente diferente. É o caso, por exemplo, de **Grande Sertão: Veredas**, no Brasil, ou mesmo do reconhecidíssimo **Cem Anos de Solidão**, do colombiano Gabriel García Márquez; ambos escritos na segunda metade do século XX. Mas, outras obras romanescas que se afastam do ambiente burguês já existiam desde as primeiras décadas do século XX: **Macunaíma**, de Mário de Andrade e **Vidas Secas**, de Graciliano Ramos são bons exemplos disso na literatura brasileira.

Mas, observe que a literatura "se permite", como já se comentou aqui anteriormente. E eis que um grande marco da poesia épica brasileira é o texto de João Cabral de Melo Neto, de 1955: **Morte e Vida Severina**, que tem vários trechos que foram posteriormente musicados por Chico Buarque.

> *[...] Esta cova em que estás, com palmos medida*
> *É a conta menor que tiraste em vida*
> *É de bom tamanho, nem largo nem fundo*
> *É a parte que te cabe deste latifúndio [...]*

E isto ocorre porque assim como os gêneros narrativos, o gênero dramático, conforme já vimos, sofreu uma série de outros desdobramentos. Inicialmente, entre os gregos, dividia-se em tragédia e comédia. Em tempos de fervoroso catolicismo medieval, o teatro assumiu suas formas sacras, vinculadas à Igreja. Mas, também por aquela época o teatro começou a se tornar muito popular e era representado tanto em teatros construídos para tal fim, como nas praças públicas. Da praça para o teatro, do teatro para a praça, da praça para a TV, do teatro para o cinema, do cinema para as plataformas de *streaming*...

> ### *REFLEXÃO*
>
> Bem, tudo isso para dizer que um poeta como João Cabral, por exemplo, busca em Gil Vicente o seu modelo, mas não para escrever uma peça de teatro e sim um poema que hibridiza épica e drama. Não por acaso, tal poema é pensado para o palco por diferentes diretores teatrais e, por fim, torna-se um musical. Mas, "isso ainda diz pouco" para parafrasear o Severino do poema de João Cabral, pois a obra migrou uma vez mais de suporte e foi parar na TV.
>
> Reflita a esse respeito. Observe com atenção o caminho percorrido pela obra.

Como você pôde ver, o teatro parece ser o gênero que mais migrou de suporte. E tanto por isso, o que mais flexibilidade adquiriu para misturar-se, hibridizar-se a outros gêneros literários, deixando-se permear pelos outros, incorporando outras estruturas e assumindo novas formas.

> ### ATENÇÃO
>
> Você sabe quantas vezes o poema MORTE E VIDA SEVERINA já foi encenado? Em que épocas ou lugares? Em quais suportes? E afinal? A obra de João Cabral é épica? É lírica? É Drama? Pois eis que podemos dizer: é tudo junto, misturado.

O gênero dramático ou o teatro se deixou permear na medida em que novos suportes para o texto literário foram surgindo. O fato de o gênero permitir ser posto em cena e, sobretudo, prescindir de um narrador, uma vez que os personagens falam por si mesmos, deu ao gênero a possibilidade de incorporar os outros gêneros, de abarcá-los. Diz Sábato Magaldi que uma forte tendência do teatro contemporâneo em todo o mundo, com repercussão entre nós, alterou as premissas ou ideias de um teatro puro em virtude de novos pressupostos teóricos. O reconhecimento do teatro como arte autônoma, embora devedora de várias formas artísticas, e não mera ilustração do texto literário, provocou importantes mudanças práticas. Admite-se hoje que, se o dramaturgo é o autor do texto, o encenador ou diretor é o autor do espetáculo. E, pela autoria, compete-lhe assumir uma criação. Criação *sui generis*, já que se encontra fundada em outras, mas que tem o direito de aspirar à plenitude. Deste caminho, pode-se deduzir a migração a outros suportes, como o cinema, a TV ou as plataformas de *streaming*, e até mesmo o *YouTube*.

Vejamos aqui casos famosos de híbrido literário: o romance **A Escrava Isaura**, do escritor mineiro Bernardo Guimarães do século XIX tornou-se um grande sucesso mundial no formato novela de TV, produzida aqui no Brasil nos anos de 1970. A novela de TV é um gênero moderno e hibrido que carrega traços do romance moderno e traços do teatro clássico, sem ser, de fato, nenhum dos dois. Ainda assim, o gênero novela de TV não ocorre no suporte livro e nem no suporte palco de teatro. E, ainda assim, o gênero novela de TV – tal como o cinema, pode abarcar outros formatos dentro de si: é o caso, por exemplo, de *Os Dez Mandamentos*; texto bíblico que recebeu uma montagem para TV no Brasil em anos recentes. Assim, note, de texto bíblico, sacro, religioso, tornou-se um texto dramático, passível de ser posto em cena, ainda que na telinha de TV.

Mas, vivemos um momento no qual a explosão dos meios de comunicação e da globalização econômica, trouxeram consequências não apenas sobre o papel da arte, como também sobre a função da linguagem e a natureza da literatura. Vamos discutir um pouco isso já que parece que saímos dos tempos da chamada Modernidade para os tempos da Pós-Modernidade ou Modernidade Líquida, como dizia Zygmunt Bauman. E isso nos trouxe novas perspectivas ao olhar.

As teorias atreladas ao paradigma da Modernidade, já não são suficientes para a percepção de certos fenômenos típicos do século XX, decorrentes da implosão devastadora das fronteiras entre arte e produtos da indústria cultural. Teoria e método são os grandes desafios enfrentados pelos Estudos Literários. Se optarmos por manter as perspectivas pregressas que separavam de maneira rígida o texto do contexto, supervalorizando os elementos estruturais da obra, corremos o risco de não entender as propostas básicas de algumas das obras mais expressivas das últimas décadas do século XX e do momento contemporâneo.

> ### REFLEXÃO
>
> Assim, como podemos trabalhar a literatura em sala de aula? Quais textos trabalhar? De que forma? O teatro serve para fins didáticos? Mas, se o "teatro" não é mais só o "teatro"... E agora, que já sabemos que no transcurso do tempo os gêneros literários foram tomando diferentes formas e foram se misturando?

É preciso estar atento a algumas questões da teoria literária para um bom desenvolvimento de uma educação literária em sala de aula, especialmente no Ensino Médio; são elas:

- A formação dos cânones; as relações entre ficção e realidade;
- As contaminações da arte pela cultura de massa;
- A desconstrução ou fragmentação do sujeito e na crise da imaginação;
- O declínio das vanguardas e a desconfiança em relação à ideia de originalidade;
- A permanência da tradição na produção recente;
- As novas identidades culturais, a luta das minorias e as propostas alternativas de intervenção política;
- A consciência do caráter arbitrário e ideológico de todos os conceitos e representações.

11.1.1   O teatro no século XX

Vamos falar um pouco do teatro do século XX, antes de ingressarmos na seara das grandes hibridizações e das grandes questões da pós-modernidade. Mas, é bom que você observe que a partir deste momento faremos um giro considerável para falar não apenas da literatura brasileira (nem mesmo das literaturas em língua portuguesa, apenas) para ampliar o nosso universo de trabalho; para ampliar o olhar. Isto porque não precisamos nos manter restritos à literatura brasileira e suas obras canônicas. Ao contrário, muito mais interessante se torna um trabalho de educação literária no qual nossa literatura seja posta em contexto e seja vista e pensada, em cotejo com outras obras da produção mundial.

Iniciemos trazendo como bons exemplos *A Morte de um Caixeiro-viajante*, a peça que também virou filme, do dramaturgo norte-americano Arthur Miller, escrita em 1949 e, a peça *O Rinoceronte*, do dramaturgo romeno Eugène Ionescu, conhecido por ter criado a vertente do que se convencionou chamar o **teatro do absurdo**.

A Morte de um Caixeiro-viajante é uma obra que pode ser compreendida como uma feroz crítica ao "sonho americano" de sucesso econômico. Willy Loman, o protagonista, passou toda sua vida acreditando que ele e sua família atingiriam o poder, seriam ricos e felizes. Depois de anos na estrada, Loman descobre que nada ganhou na vida, a não ser, decepções e desespero. Por conta disso, assombrado pela certeza de ter feito escolhas erradas, de ter lutado por falsos valores, de ter sido vítima de oportunidades perdidas e expectativas irracionais, Loman vê-se diante do único caminho que lhe resta: o suicídio. Pois bem: e qual a dimensão psicológica de Willy Loman, o vendedor que comprou o sonho errado e vendeu produto contaminado para toda família; o sonho americano tornado pesadelo para o homem comum? Loman é o retrato de toda uma sociedade e de sua influência sobre o individuo. Arthur Miller deu novo formato à velha tragédia. A atualidade da peça se dá pelo impacto de sua crítica ao capitalismo. Isto é, esta visão de que o sucesso de meia dúzia é sustentado pela alienação de milhões. É, afinal, a tragédia do homem contemporâneo comum que compra a ilusão do sucesso e não chega a lugar algum. Fragmenta-se. Desintegra-se.

O Rinoceronte, por sua vez, foi escrito em 1959. Na trama, em três atos, os habitantes de uma pequena cidade do interior estão reunidos em um domingo, no terraço de um café. Chegam Bérenger e seu amigo Jean, opostos em seu modo de vestir e portar-se, e, em meio à discussão dos dois e de conversas paralelas banais, a cena é invadida por um ruído estrondoso que faz o chão estremecer. São vistos um ou dois rinocerontes, que passam em disparada pelas ruas da cidade. Aos poucos são vistos mais rinocerontes. Os moradores da cidade foram contaminados por uma doença, a "rinocerontite", que os transforma em rinocerontes e os faz até mesmo desejarem se tornar o animal. O texto é visto por muitos como uma parábola da invasão da Europa pelo fascismo, principalmente relacionada ao sentimento do próprio Ionescu, antes de deixar a Romênia em 1938, quando seus conhecidos aderiam cada vez mais ao movimento totalitarista. E quanto a isto, vale lembrar o que dizia o escritor sobre a invasão do fascismo, há quase 100 anos e comparar com os inúmeros fanatismos políticos e religiosos do momento contemporâneo.

Criada em 1960, *O Pagador de Promessas* foi o maior sucesso do dramaturgo brasileiro Dias Gomes. O roteiro é dividido em 3 atos e conta a trágica trajetória de Zé do Burro. Foi adaptada para o cinema, por Anselmo Duarte, e recebeu a Palma de Ouro em Cannes, em 1962. A peça é ambientada em Salvador; na praça em frente à Igreja de Santa Bárbara. A relação época/tempo é fundamental na constituição da peça. Afinal, é dia de Iansã. A peça traz à tona conflitos entre o Brasil rural e o urbano, evidentes na onda de modernização que atravessava o país nos anos 1950, mas poderia perfeitamente compor um evento no Brasil contemporâneo. Tais conflitos são sintetizados pelo embate entre a crença popular, o sincretismo que formou a tradição religiosa brasileira, e o dogmatismo, o ritualismo rigoroso e a burocratização da igreja. Esse ponto ajuda a refletir sobre como todas as instâncias de poder; sejam elas culturais, políticas ou econômicas, se automatizaram, engessando-se no curso desse processo de modernização. Com isso, distanciaram-se cada vez mais das necessidades e demandas do coletivo.

Zé do Burro pode ser entendido como o espírito livre do povo simples. Sua dificuldade em se comunicar e em compreender a rejeição do padre ao sincretismo entre Iansã e Santa Bárbara, deve ser lida como representação desse hiato que se formava entre um país que se modernizava para uma nova classe média e se tornava incompreensível para os que não tinham acesso ao consumo. Quando padre Olavo impede a entrada de Zé do Burro na igreja, Dias Gomes parece retratar o desamparo do povo, sobretudo da população rural. As saídas autoritárias executadas tanto pelo pároco quanto pelo poder público demonstram a inversão do papel do Estado, que deixa de auxiliar e passa a reprimir o povo, seja pela instauração de um aparelho burocrático estranho, seja pela opressão direta. A obra ainda mostra como a elite coloca um sentido de subversão a essa discussão. O papel do jornal no assassinato de Zé pretende discutir a responsabilidade política da imprensa no Brasil. O lugar da cruz é o espaço sagrado do altar da Igreja de Santa Bárbara, para quem Zé do Burro fizera uma promessa, em pagamento da cura de seu burro Nicolau. A tensão dramática ocorre na execução da promessa, quando Zé é impedido de entrar na igreja. Acusado de ter cometido heresia, ao misturar os signos cristãos com rituais do candomblé, as portas do templo sagrado se fecham para o pagador de promessas.

De acordo com Aristóteles, a tragédia é imitação de uma ação séria e completa, dotada de extensão e que, suscitando a compaixão e o terror, tem por efeito obter a purgação das emoções. Em *O Pagador de Promessas* vemos Zé do Burro passar da felicidade à desdita em decorrência de uma falha trágica: ele não cedera às tentativas de acordo com os representantes da igreja. A falta cometida por Zé foi fazer a promessa em um terreiro de Candomblé. Ele misturara os santos ditos pagãos com os santos da igreja católica, embaralhando a ordem social. Estamos diante da cegueira do herói trágico, que não admite nenhum tipo de acordo que possa mudar o destino que deseja dar à cruz. A tragédia grega de Sófocles sobrevive no destino de um homem simples do interior da Bahia, em luta com os representantes da *polis* civilizada. O simplório Zé não compreende a cidade e a cidade não compreende Zé. Na peça, Dias Gomes reatualiza a dimensão trágica do impedimento do herói, coloca-o em conflito com o grande centro urbano e aponta os valores inabaláveis que segue.

Neste sentido, podemos observar através das obras de Dias Gomes, Ionescu e Arthur Miller como a literatura se reatualiza, retoma o passado no presente, retoma valores e motes literários estruturais de outro lugar para adaptá-los à circunstância local e ao seu tempo a fim de interpretar o seu tempo. E ainda, como é possível fazer o gênero dramático – aqui evidenciado na tragédia – migrar a outros suportes e fazer-se permear por outros, assumir novas formas, mesmo que bebendo de fontes passadas. Daí que possamos trabalhar com todas essas diferentes obras em sala de aula, especialmente, no EM. Há uma história do mundo que pulsa nos textos literários. Fazer uma leitura atualizada de obras do passado ou uma leitura de obras contemporâneas, independentemente de sua origem, é o melhor caminho para trazer para o processo de educação literária de nossos adolescentes um caráter humanizador, que promova uma educação cidadã.

11.1.2   Veredas das narrativas contemporâneas

A narrativa contemporânea tem início, igualmente, no entorno dos anos 1950. No caso brasileiro, podemos chamar a esse período de pós-modernismo. O que caracteriza a narrativa do período é a ideia de narrativa combativa que, sobretudo a partir de 1964 procura agredir as determinações da censura da ditadura. Tal estado de coisas coincide com o período da chamada Contracultura. Mas é preciso observar que as questões políticas que balizaram a produção literária brasileira dos anos 1960/1970 balizaram, igualmente, a produção latino-americana. O já citado *Cem Anos de Solidão*, do colombiano García Márquez, denuncia o atraso – cultural, sobretudo – em que vive a América Latina, assim como inúmeras obras de narradores brasileiros. Caso, por exemplo, da obra de Murilo Rubião, que se filia ao mesmo chamado "Realismo Mágico" presente nas obras de García Márquez e cujas obras, receberam inúmeras adaptações para outros suportes.

Se a poesia brasileira e hispano-americana do período, vinculada ao universo da canção, torna-se combativa e profundamente metafórica, no intento de burlar as censuras ditatoriais vigentes á época, a narrativa, por seu turno, estabelecerá uma relação misteriosa e enigmática entre o estabelecimento cultural do país e a forma de narrar a problemática existencial do brasileiro daquela época. Há, em torno da temática da narrativa certa proposta coletiva de negação do sistema, a incorporação temática da realidade da comunicação de massa, e ainda, certa abordagem de uma experiência humana radical. É possível afirmar que os autores do período se colocam como autores compromissados e manifestam, sobretudo, a sua resistência ao regime militar. Na verdade, pode-se dizer que alguns desses autores disfarçavam tal compromisso nos subterrâneos da ficção-arte; mas, outros tantos, poetas ou ficcionistas, ostentavam perigosamente o seu compromisso sócio literário, para a realidade da época. Afinal, naqueles tempos, escrever, fosse poesia, drama ou ficção se compreendia como uma atividade subversiva. Neste sentido, no campo da narrativa, autores como Inácio de Loyola Brandão representam o que de melhor se produziu na época em termos de narrativa combativa e, particularmente, no campo romanesco. Mas, efetivamente, o que se pode afirmar é que, à parte as questões políticas brasileiras do período, o que realmente se torna marcante é a presença dos elementos da **contracultura** oriundos dos novos movimentos da juventude daquele período em todo o Ocidente. Assim, tal como se via na literatura francesa ou norte-americana da época, a narrativa brasileira procurava traçar uma crítica aos mitos cotidianos criados pela Indústria Cultural, transformando a literatura em importante instrumento de resistência e luta. Assim, usou-se o romance como rótulo para difundir a realidade indigna na qual estava entranhado o país.

Mas há outro sentido, ou ainda, outro direcionamento para a narrativa longa brasileira da segunda metade do século XX. É aquela narrativa que procura perscrutar a si mesma e ao homem, observar de forma reflexiva a existência. Há, nesse tipo de narrador, um questionamento ficcional do inconsciente, um predomínio das situações onipresentes – o que está em toda parte ao mesmo tempo... "A vida no meio do redemunho..." "O sertão é o mundo todo..." já diria Riobaldo, personagem maior da obra de Guimarães Rosa, *Grande sertão: Veredas*. Nessa técnica narrativa que poderíamos chamar de **técnica do caos**, o tipo de ficção que se oferece ao leitor é aquele que propõe uma ruptura com os modos tradicionais de narrar, é a coragem de questionar ficcionalmente o momento histórico por meio de um narrar insólito e profundamente diferenciado. É uma narrativa cuja proposta fundamental é a de indicar a existência como uma interrogação. Clarice Lispector e Ligia Fagundes Telles são duas importantes representantes dessa faceta existencial da literatura brasileira. Aliás, o próprio Riobaldo de Guimarães Rosa e todas as narradoras de Clarice adotam tal perfil insólito e perscrutador da existência.

Mas, apesar da força que os eventos políticos sempre tiveram sobre a literatura, a partir dos anos 1960, é mais importante estudar escritores e suas obras. E não apenas as observando de dentro das manifestações estéticas e dentro da estrutura social; mas também e, ao mesmo tempo, de dentro do interesse das potências econômicas que governam o mundo contemporâneo. Esses poderes são decisivos – embora não exclusivos – e estão intimamente ligados às novas estruturas do *marketing* moderno, à indústria editorial e midiática etc.

Assim, as novas temáticas urbanas passam a ocupar seu espaço privilegiado no contexto da produção literária, especialmente no campo da narrativa; seja a narrativa curta, seja a de mais largo fôlego, como os romances. É bom que se diga que não se trata de um movimento exclusivo do desenvolvimento ficcional brasileiro. Ao contrário, parece ocupar uma fatia bem generosa do mundo inteiro.

As narrativas transgressoras, ao gosto do homem contemporâneo, ocupam seu lugar de destaque na composição daquela fatia de mercado a que chamamos *best-sellers*. Nesse campo há duas manifestações, ao menos na literatura brasileira que são bem marcadas e atingem uma fatia bastante generosa de público leitor. Uma transgressão que é mais silenciosa, indireta, como a que se faz presente na obra de escritoras como Sonia Coutinho, por exemplo, ou até mesmo na obra romanesca de Chico Buarque, se considerarmos o caso de **Estorvo** e **Benjamin**. E outra mais direta, ligada à violência, ao sexo, às drogas, como na obra de Rubem Fonseca. Tal narrador direto, que observa seu próprio tempo e espaço tem, estruturalmente, um perfil mais distante do narrador tradicional – aquele que conta uma história – e não é, exatamente, um disseminador de informações ideológicas ou mesmo de ideias de uma época. Ao contrário, o narrador contemporâneo urbano parece atentar-se exclusivamente para a narrativa – seca e crua – de um acontecimento. É, assim, uma narrativa que se revela nos detalhes, nas fendas, nos subterrâneos das entrelinhas. São, em geral, histórias que expõem os problemas dos grandes centros urbanos – a violência, as drogas, o homem desintegrado. Mas, ao mesmo tempo, são narrativas que apresentam o universo da cultura pop e midiática da segunda metade do século XX, abordando temas como: música, moda, publicidade, TV, cinema etc. por meio de um olhar voltado para os modelos de comunicação e sociabilidade. Mas, sobretudo, o teor dessas narrativas aponta para as inúmeras culturas urbanas e suas variadas faces e ao horror dos abismos sociais que os processos de urbanização e globalização econômica cavaram.

Deste modo, a concepção de ficção contemporânea subentende um processo de fragmentação permanente, estabelecendo concepções das mais variadas formas de fusão entre os antigos estilos de época, tanto no romance quanto na poesia, agora sujeitos a uma pluralidade de vertentes. Por conta disso, é possível afirmar que tanto na literatura brasileira, como nas literaturas em geral, verifica-se uma rapidez e uma transitoriedade capaz de nos fazer pensar a contemporaneidade como um processo em permanente mutação, desestruturando um sentido duradouro de permanência da obra literária em lugar definitivo. E mais ainda, nos permite observar a literatura como um híbrido de formatos, de temas e, porque não, de suportes. O histórico televisivo brasileiro neste sentido, por exemplo, é inequívoco. É bem verdade que após os anos 1960 por conta das grandes mudanças culturais, a TV, o cinema, o rock, modificam a maneira de pensar e de agir e a literatura acompanha todo esse processo. Os artistas passam a experimentar novos materiais e técnicas, recorrendo às tecnologias passando a explorar em suas obras, de maneira híbrida, os vários meios expressivos disponíveis.

Fonte: https://www.amazon.com.br/Meu-tio-matou-cara-397/
dp/8525413542#detailBullets_feature_div

A narração é um modo de organização do discurso que envolve cinco fatores, como constituintes estruturais: temporalidade como uma sucessão de eventos; unidade temática, garantida, por exemplo, por um ator ou sujeito; a transformação de um estado inicial em outro diferente; unidade de ação que integra eventos em um processo que leva do estado inicial ao estado final; e a causalidade que permite ao leitor reconstruir ligações causais em uma intriga virtual. Mas, observem: o conto é uma forma narrativa que se centra sobre um fato, um acontecimento. Assim, temos uma unidade de tempo, uma unidade de espaço, um conjunto pequeno de personagens (às vezes 1), um foco narrativo e um, um único fato gerador da narrativa. A conta do conto, como já vimos, é sempre 1.

O século XX assistiu, neste sentido, a uma incrível floração de contistas, especialmente, no âmbito das línguas espanhola e inglesa – tal como ocorre com a crônica aqui no Brasil. E o conto, independentemente de sua origem, é um excelente gênero para o trabalho de sala de aula.

No que se refere à língua espanhola, a produção hispano-americana é exemplar desde o início do século XX, com Horácio Quiroga. Mas, é no entrecho do chamado *Boom* narrativo hispano-americano – com autores importantes como o colombiano Gabriel García Márquez, o mexicano Juan Rulfo e, especialmente, o argentino Jorge Luis Borges que o conto hispano-americano alcança sua maturidade narrativa inserindo-se no contexto da literatura ocidental em lugar destacado.

Mesmo assim, é preciso observar a importância das literaturas inglesa e norte-americana na conformação do gênero conto. Em especial, a figura de Edar Allan Poe, o "pai da matéria", por assim dizer. Em meados do século XIX Poe escreveu "Filosofia da Composição" e propôs que um texto literário deveria ser breve, intenso e melancólico. Sugeriu também que para exercer um efeito único sobre o leitor, os acontecimentos da narrativa deveriam estar encadeados entre si de forma a gerar uma relação direta de causa e consequência. Ao longo das transformações histórico-sociais e culturais ocorridas principalmente na Europa no fim do século XIX e início do XX, emergem então os artistas vanguardistas que passam a questionar a totalidade de uma obra artística e, nesse caso, a possibilidade de um texto literário ser fechado sobre si próprio. E este é o caso da importante contista inglesa Virginia Woolf em cujos contos observamos diferentes visões do mundo moderno com a proposta de diferentes perspectivas acerca desse novo momento literário. Além de Virginia Woolf, pode-se comentar também alguma coisa acerca do ficcionista inglês H. G. Wells. Este autor, que se aprofunda no gênero utopia à luz do contexto histórico marcado pela racionalidade científica, revigora e subverte os elementos do gênero utopia.

Por fim, é preciso, igualmente, ter em conta que os contos têm ficado cada vez mais curtinhos. Pois bem, não só isso é verdade, como também implica no surgimento de outro gênero narrativo, moderníssimo, por assim dizer. São os chamados micro relatos ou mini ficção ou micro contos, que também se desenvolveram muito em língua espanhola e inglesa. No entanto, apresentam diferenças marcantes em relação ao conto.

Enquanto os contos são levados a cabo ordenando os eventos narrados através de diferentes fases ou sequências em que tensão e distensão se sucedem, os micro contos mostram uma tendência evidente de colocar a ação no centro da tensão narrativa máxima. Afinal, se configuram um tipo de produção literária que ocupou seu próprio espaço e com plenos direitos de autonomia no âmbito da narrativa. A criação de micro contos, no entanto, não é tão recente quanto às vezes pensamos. A sua gênese histórica, momento em que o gênero passa a ter existência, deve ser analisada com base em um enfoque multidimensional que leva em conta que é um fenômeno em que múltiplos fatores intervieram. O micro conto apareceu em um contexto cultural, que não só influenciou a literatura, mas especialmente todo um contexto das artes, e que se espalhou por um período de tempo mais ou menos prolongado, através do qual o gênero estava evoluindo e lançando as bases do que seria sua configuração contemporânea, assim como historicamente aconteceu com o resto dos gêneros literários.

11.2 COMPREENDENDO O TODO: A NOVA CULTURA DIGITAL

Você deve ter percebido que fiz comentários diversificados a respeito de diferentes obras e/ou gêneros literários justamente com o intuito de mostrar o diálogo entre o passado e o presente, os diferentes gêneros literários e seus entrelaçamentos, os diferentes suportes nos quais a literatura pode se fazer presente na atualidade ou para os quais a literatura pode ser adaptada. Enquanto num texto há apenas a linguagem verbal, nos formatos audiovisuais temos também a linguagem visual, sonora e musical. Em síntese, a adaptação consiste em tomar o texto e ajustá-lo a outro suporte.

Por isso, retomo os vários suportes audiovisuais, sobretudo, para que você abra os olhos para o diálogo semiótico existente entre a obra literária e sua presença em diferentes meios na pós-modernidade e perceba a paisagem contemporânea da fruição audiovisual – cinema, TV, música, em que os modos de apreensão do sensível perpassam pela mediação de telas variadas, desde a telona, passando pela TV e computador, chegando aos celulares. Para tanto, observamos algo dos modos de apreensão de imagens em movimento e o aspecto fluido e híbrido dessas linguagens. Afinal, como diz Lucia Santaella, "As matrizes não são puras. Não há linguagens puras". O hibridismo natural de sua origem, aliado ao caráter multifacetado de sua linguagem e gêneros, permite que ele – o audiovisual – abarque em si um número extenso de representações; incluindo a representação literária.

Para ficarmos num único, mas poderoso exemplo, podemos dizer que o vídeo, aliado às novas tecnologias informáticas, é instituído como uma forma inovadora de representação imagética, mas também, textual. Assim, essa maior possibilidade de manipulação da imagem e do som por meio dos recursos digitais vem alterar os campos da produção cultural, voltando-a para uma tendência não linear. O vídeo acompanha o sujeito fluido contemporâneo, uma vez que a imagem eletrônica torna-se volátil, efervescente, efêmera. Dessa forma, torna-se evidente uma articulação entre o vídeo e sua representação na atualidade. O vídeo, em sua essência, é híbrido por ser uma amálgama de fontes artísticas diversas (pintura, cinema, teatro, poema, artes gráficas...), porém essa característica não se resume somente à sua linguagem, expandindo-se, também, aos seus gêneros. Ao longo do tempo e mediante a evolução do aparato tecnológico televisivo e digital, o vídeo foi instituindo sua própria linguagem em vez de ser utilizado como mero veículo do cinema. Emerge na cultura contemporânea como uma forma híbrida: sons e imagens formatam matrizes expressivas e particulares que demandam olhares teóricos transversais.

Daí que se preste a gêneros literários tão diversificados como o conto, o romance ou a poesia épica, para ficar em poucos exemplos e sem esquecer, evidentemente, do teatro. Observe: ***Morte Vida Severina, Tenda dos Milagres, O Grande Gatsby, O Senhor dos Anéis, O Rei Arthur e Os Cavaleiros da Távola Redonda, O Auto da Compadecida...*** A lista é interminável! E você, futuro professor, pode lançar mão desse recurso em seu dia a dia escolar. Mas, claro, não há que se deixar de lado o suporte textual. Há de se trabalhar os diferentes suportes em contexto e diálogo permanente. Para tanto, é preciso que o professor tenha um bom arcabouço literário, contextual e teórico. Dito isto, vamos para o nosso último tópico. Vamos retomar algo do protagonista e/ou herói contemporâneo; especialmente nas grandes narrativas. E vamos falar da migração do herói épico das páginas impressas para as telas e para a sala de aula.

11.2.1   Do livro para as telas, das telas para o livro

Nas últimas décadas, tem sido aventada a hipótese do "fim da literatura". Na verdade, trata-se do fim de um tipo de literatura, o da alta modernidade. Sob a hipótese de que o conceito de literário está sendo reconfigurado, o que se observa, especialmente na produção romanesca é um predomínio ou bem dos romances fragmentados ou daqueles que lidam com as hipóteses da autoficção, como uma estratégia da literatura contemporânea de tornar híbridas as fronteiras entre o real e o ficcional, colocando no centro das discussões novamente, a possibilidade do retorno do autor, não mais como instância capaz de controlar o dito, mas como referência fundamental para performar a própria imagem autoral de si, que surge nos textos. Neste sentido, observa-se uma mudança de direção na configuração tanto do herói como das possibilidades de foco narrativo. Desta maneira, a recorrência de instâncias não ficcionais, principalmente biográficas parece funcionar como uma máscara para uma discussão profunda, e talvez esperançosa, da validade do gênero romanesco no tão desolado e desesperançado panorama mundial que vivemos hoje.

> **DICA**
>
>
>
> *A Song of Ice and Fire (As Crônicas de Gelo e Fogo)*
>
> *Game of Thrones (A Guerra dos Tronos)*
>
> Uma proposta interessante de estudo no campo da crítica literária que pode auxiliar o professor na compreensão das relações intertextuais e Inter semióticas entre livro e audiovisual é fazer a leitura cotejada de uma obra literária e seus desdobramentos (filmes, séries, narrativas transmídias etc.)

Por isso vale a pena pensar em *Game of Thrones (GOT)* como um exemplo das circunstâncias literárias contemporâneas. Este épico retoma as várias fases da constituição e derivações da épica: a Grécia Antiga, as novelas de cavalaria, os romances burgueses, a estética televisiva e gráfica. Jon Snow é um herói de modelagem grega, antiga – destemido e protegido dos deuses, enquanto Danerys, por seu turno, é um misto de Emma Bovary e de Rainha de Copas – enlouquece em seu próprio desejo e, por isso mesmo, passa fogo em quem se subleva; vale dizer, tem uma configuração típica da figura feminina no século XIX. E quem é a mulher guerreira? A personagem Arya, que afinal de contas, é um misto de muitas coisas: guerreira medieval, por um lado, e desbravadora como um navegador renascentista, por outro. E para terminar, vamos olhar para Tyrion Lannister; o ímpio, aquele Lannister a quem nos afeiçoamos, é o mais humano dos personagens de *GOT*. Tyrion é o herói que parece brotar do nosso cotidiano. Aquele que é libertino, mas gosta da família, que trai, mas por amor. Que fala mais que a boca e diferente-mente do herói de modelagem grega encarna todos os defeitos que todos nós temos. Daí que termine como o Mão do Rei. Um burocrata, afinal. Que tem poder de mando, afinal. Como os burocratas contemporâneos. Lembremo-nos: A casa Lannister é a casa mais rica de Westeros, eles eram os banqueiros.

Em *GOT* se o modelo do conceito de honra e lealdade são herança da épica grega, a ambientação e as técnicas de guerra são puramente medievais. No entanto, trata-se de uma ambientação imaginária, WESTEROS, tal e como aparece o mesmo tipo de ambientação imaginária em romances tão modernos como *Cem Anos de Solidão* e a sua Macondo ou *A Cidade Dourada* que aparece em diversas HQ do universo MARVEL. E os fabulosos dragões fazem parte da configuração de todos os contos mara-vilhosos de todos os tempos. Na TV e nas telas de *streaming*, em tempos recentes, além de *GOT*, aparecem dragões na série

Merlin, que reconta as aventuras de Rei Arthur e os Cavaleiros da Távola Redonda, só que pelo foco narrativo do mago Merlin. Por outro lado, e isso é muito importante para compreender *GOT*, o que vemos em termos de foco narrativo é uma multiplicidade de narradores, com um narrador principal, que adota o ponto de vista dos Stark. Muito semelhante à forma narrativa adotada por Miguel de Cervantes em ***Dom Quixote***.

DICA DE LEITURA

Para melhor compreender tais questões narrativas, vale a leitura dos textos teóricos de Bakthin acerca da ideia de polifonia.

Fonte: https://www.amazon.com. br/Problemas-Po%C3%A9tica-Dostoievski-4%C2%AA-Ed/ dp/8521804377

Daí a importância enorme de trabalharmos a literatura no contexto escolar. Mas não daquela forma antiga e chata aos olhos do aluno de hoje que oferece a impressão de que a literatura não tem nada a ver com nada, muito menos com o presente. Ao contrário, de modo contextualizado para que cada aluno e cada um de nós possa se encontrar em cada Tyrion Lannister, em cada Zé do Burro, Riobaldo ou Peri, para, quem sabe, projetar para o futuro narrativas sociais menos bélicas, menos incendiárias do que as que temos escrito até agora.

CONSIDERAÇÕES FINAIS

O termo "Educação Literária" vem substituindo algum tempo o termo tradicional "ensino de literatura". A educação literária consiste em tornar os alunos leitores competentes de obras literárias. Para atingir este objetivo principal, é necessário que os alunos:

- Descubram a leitura como uma experiência satisfatória.
- Deem uma resposta afetiva positiva ao texto.
- Reconheçam suas próprias experiências no texto.
- Identifiquem-se com os personagens.
- Saibam interpretar os sentidos do texto.
- Conheçam os elementos literários.

Dificilmente alguém que não experimenta o prazer da leitura desenvolve uma competência literária satisfatória. Por isso mesmo, o papel do professor de literatura organiza-se entre o seu papel de mediador no acesso às produções literárias, o seu papel de intérprete crítico de textos, o seu papel de mediador na exposição de metodologias de análise e as funções docentes, consideradas essenciais: formador e estimulador ou animador de leitores.

Entre as funções acima referidas, há muito tempo tem prevalecido a de um mero apresentador do panorama historicista e de comentador dos desvios expressivos e conotações do texto, tornando-os claros e evidentes no comentário e na análise dos textos; mas tal forma de atuar tem deixado de lado, as funções principais do professor que busca promover uma educação literária.

A função da crítica não é apenas elaborar um mero julgamento, crítica ou comentário sobre as obras, mas essencialmente justificar e analisar os conceitos, ideias orientadoras ou convenções da época ou tendência literária que forneçam critérios para uma interpretação coerente e esclarecedora. O papel do professor como crítico é promover uma comunicação mais inteligente e, sobretudo, significativa com a obra literária, abrindo novas abordagens, sugestões ou perspectivas que afetem os vários aspectos deste campo da comunicação.

Como crítico, o professor abre linhas de acesso e apreensão da obra por meio de procedimentos para acessar, pelo reconhecimento e identificação das qualidades do discurso literário, o campo da fruição estética, que é muito pessoal. Quando o professor de literatura assume o papel de crítico-mediador, as informações que ele fornece ajudam seus alunos a valorizar as criações literárias. A partir dessa posição, as contribuições dos alunos também podem ser consideradas, como novas críticas.

Deste modo, a educação literária que explicitamos ao longo dos 11 capítulos deste volume pretende ir mais além da formação do professor apresentador de panoramas. Para nós, o papel do professor para efeitos de formação literária tem, essencialmente e como procuramos mostrar aqui, as características de formador, estimulador e animador de leitores; além, é claro, de crítico literário. Isso porque o crítico literário é aquele leitor privilegiado que é capaz de extrair do texto diferentes possibilidades interpretativas. Vincula-se, a atividade crítica, com o conhecimento simultaneamente amplo e verticalizado.

As funções do professor de literatura – mediador, formador, crítico, animador, motivador e dinamizador – dependem e se estabelecem em relação à mesma concepção que o professor tem do fato literário, sua avaliação formativa das contribuições das diferentes tendências/perspectivas teóricas e, sobretudo, das finalidades que se propõem como objeto da sua atividade, no que diz respeito ao tipo de formação que consideram mais relevante para os seus alunos. Foi neste sentido, que fizemos as propostas nestas mais de 100 páginas dedicadas à formação docente no campo da educação literária numa perspectiva contemporânea e mais acorde com o nosso tempo.

REFERÊNCIAS BIBLIOGRÁFICAS

ABDALA JR, Benjamin (org.). **Mestiçagem, hibridismo & outras misturas.** São Paulo: Boitempo, 2004.

ALMEIDA, Maria Inês de, QUEIROZ, Sônia. **Na captura da voz:** as edições da narrativa oral no Brasil. Belo Horizonte: Autêntica: FALE: UFMG, 2004.

ALVES, Tatiana. **D'além-mar:** estudos de Literatura Portuguesa. Rio de Janeiro: Oficina Editores, 2008.

ANDERSON, Benedict. **Comunidades imaginadas:** reflexões sobre a origem e a difusão do nacionalismo. Tradução: Denise Bottman. São Paulo: Companhia das Letras, 2008.

ARISTÓTELES; HORÁCIO; LONGINO. **A poética clássica.** Tradução de Jaime Bruna. 6. ed. São Paulo: Cultrix, 1995.

ASSIS, Machado de. **Crítica, notícia da atual literatura brasileira.** São Paulo: Agir, 1959. p. 28-34: *Instinto de nacionalidade.* (1ª ed. 1873).

AUERBACH, Erich. **Mimesis** – a representação da realidade na literatura ocidental. Tradução de George Bernard Sperber. São Paulo: Perspectiva, 1997.

AUERBACH, E. **Ensaios de literatura ocidental:** filologia e crítica. Trad. Samuel Titan Jr. e José M. M. de Macedo. 2. ed. São Paulo: Duas Cidades; Editora 34, 2012.

BAKHTIN, Mikhail. **Estética da criação verbal.** Trad. do francês por Maria Ermantina Galvão G. Pereira. 3. ed. São Paulo: Martins Fontes, 2003.

BAUMAN, Zygmunt. **Modernidad líquida,** Editorial Fondo de Cultura Económica, México DF, 2003.

BERARDINELLI, Cleonice. **Estudos camonianos.** Rio de Janeiro: Nova Fronteira, 2000.

BOSI, Alfredo. **História concisa da literatura brasileira.** São Paulo: Cultrix, 2006.

CANCLINI, Néstor Garcia. **Culturas híbridas.** São Paulo: Edusp, 2003.

CANDIDO, Antonio. **Literatura e sociedade.** 9. ed. Ouro sobre azul: Rio de Janeiro, 2004.

CANDIDO, A. "Introdução". In: **Formação da Literatura Brasileira:** *momentos decisivos.* Belo Horizonte: Itatiaia, 1981.

CARVALHAL, Tânia Franco. **Literatura Comparada.** São Paulo: Ática. 1996.

CHAVES, Rita; MACEDO, Tânia. **Caminhos da Ficção da África Portuguesa.** Biblioteca entre livros: vozes da África, São Paulo, n. 6, p. 44-51, 2007. Edição especial.

CHAVES, Rita de Cássia Natal. **Angola e Moçambique:** experiência colonial e territórios literários. São Paulo: Ateliê Editorial, 1999.

COELHO, Nelhy Novaes. **Literatura e linguagem**. Rio de Janeiro: José Olympio.

COSSON, Rildo. **Letramento literário:** teoria e prática. São Paulo: Contexto, 2014.

EAGLETON. **Teoria da literatura:** uma introdução. Tradução de Waltenir Dutra. São Paulo: Martins Fontes, 2006.

FERNANDEZ, Annie Gisele. **De Fernando Pessoa e do Simbolismo:** contradições e permanências. In: Voz Lusíada, nº 21. São Paulo: Vida & Consciência, 2004.

FRANÇA, José-Augusto. **O Romantismo em Portugal:** estudos de factos socioculturais. Lisboa: Livros Horizonte, 1993.

FREIRE, P. (1979). **Educação como prática de liberdade**. Rio de Janeiro: Paz e Terra.

GARCÍA, Flavio. **Reflexos da expansão portuguesa no teatro vicentino**. Rio de Janeiro: s/ed., s/d.

GUIMARÃES, R. **Contos índios**. São Paulo: Faro editorial, 2020. Disponível em: https://faroeditorial.com.br/site2020/wp-content/uploads/2020/09/Miolo-Contos-indi%CC%81genas-OGF-02.pdf

HANSEN, J. A. **A sátira e o engenho: Gregório de Matos e a Bahia do Século XVII**. 2 ed. São Paulo: Ateliê; Campinas: Unicamp, 2004.

HAUSER, Arnold. **História social da literatura e da arte**. São Paulo: Martins Fontes, 2000.

HERNANDEZ, Leila Leite. **A África na Sala de Aula**. São Paulo: Selo Negro, 2005.

HOLLANDA, Heloísa Buarque de (Org.). **Tendências e impasses:** o feminismo como crítica da cultura. Rio de Janeiro: Rocco, 1994.

ISER, Wolfgang. **O ato da leitura**. Uma teoria do efeito estético. Vol. 1. São Paulo: Editora 34, 1996.

ISER, Wolfgang. **A interação do texto com o leitor**. In: JAUSS, H. R. et al. A literatura e o leitor: textos de estética da recepção. Rio de Janeiro: Paz e Terra, 1979.

JAUSS, H. R. **História da literatura como provocação à teoria literária**. São Paulo, Ática, 1994.

KAISER, G. R. **Introdução à literatura comparada**. Trad. Tereza Alegre. Lisboa: Fundação Calouste Gulbenkian, 1989.

KOCH, I. V. 1997/2000. **O texto e a construção dos sentidos**. 3. ed. São Paulo: Contexto.

LAJOLO, Marisa. **Do mundo da leitura para a leitura do mundo**. São Paulo: Ática, 1993.

LINS, Osman. **Lima Barreto e o espaço romanesco**. São Paulo: Ática, 1976.

LOTMAN, I. M. **Los estudios literarios deben ser una ciencia**. La semiosfera I. Semiótica de la cultura y del texto. Madrid: Cátedra, 1984.

LUKACS, Georg **A teoria do romance**. Trad. José M. Macedo. São Paulo, Editora 34, 2000.

MAGALDI, Sábato. **Panorama do teatro brasileiro**. 6. ed. São Paulo: Global, 2004.

MIGNOLO, Walter. **Teoría del texto e interpretación de textos**. UNAM, 1986.
——: Elementos para una teoría del texto literario. Barcelona, Crítica, 1978.

MOISÉS, Leyla Perrone. **Inútil poesia e outros ensaios breves**. In: Consideração intempestiva sobre o ensino da literatura. São Paulo: Companhia das Letras, 2000.

MOISÉS, Leyla Perrone. **Altas literaturas**. São Paulo: Companhia das Letras, *1998*.

MOISÉS, Leyla Perrone. **Literaturas artes, sabere**. In: O ensino da Literatura. São Paulo: Aderaldo & Rothschild, 2008.

NITRINI, Sandra. **Literatura comparada** (história, teoria e crítica). São Paulo: Edusp, 2000.

ORTIZ, Renato. **Mundialização e Cultura**. São Paulo: Brasiliense, 1994.

RIBEIRO, D. **Os índios e a civilização:** a integração das populações indígenas no Brasil moderno. São Paulo: Cia. das Letras, 1996.

RONCARI, L. **Literatura Brasileira:** dos primeiros cronistas aos últimos românticos. 2. ed. São Paulo: Edusp, 2002.

SANTAELLA, L. **Matrizes da linguagem e pensamento:** sonora, visual, verbal: aplicações na hipermídia. 3. ed. São Paulo: Iluminuras: FAPESP, 2005.

SOARES, M. 2004. **Alfabetização e letramento**. 2. ed. São Paulo: Contexto.

SOUZA, Florentina da Silva. **Afro-descendência em Cadernos Negros e Jornal do MNU**. Belo Horizonte: Autêntica, 2005.

SPINA, S. **A língua literária no período colonial:** o padrão português. Gregório de Matos. In:. Estudos de língua e literatura. São Paulo. FFLCH-USP, s. d.

STREET, B. V. 2003. **What's "new" in New Literacy Studies? Critical approaches to literacy in theory and practice**. Current Issues in Comparative Education, Londres, 5 (2): Maio.

ZILBERMAN, Regina; SILVA, Ezequiel Theodoro da. **Literatura e pedagogia:** ponto & contraponto. 2. ed. São Paulo: Global; Campinas: ALD – Associação de Leitura de Brasil, 2008.

ZILBERMAN, Regina. **O papel da literatura na escola**. Via Atlântica, n. 14, dez. 2008. Disponível em: http://www.revistas.usp.br/viaatlantica/article/view/50376

ZUMTHOR, Paul. **Performance, recepção e leitura**. Tradução: Jerusa Pires Ferreira e Suely Fenerich. São Paulo: EDUC, 2000.

Sites

BNCC. http://basenacionalcomum.mec.gov.br/ acesso em 09 jul. 2022.

BRASIL. Lei nº 9.394 de 20 de dezembro de 1996. Lei de Diretrizes e Bases da Educação Nacional. Brasília, DF: Planalto, 1996.

BRASIL. Projeto de Lei nº 8.035/2010. Visa aprovar o Plano Nacional de Educação para o decênio 2011-2020. Brasília, DF: Câmara, 2010.

BRASIL. Projeto de Lei nº 8.035/2010. Visa aprovar o Plano Nacional de Educação para o decênio 2011-2020. Brasília, DF: Câmara, 2010.

https://novaescola.org.br/bncc/conteudo/42/como-trabalhar-as-quatro-praticas-de-linguagem-previstas-na-base acesso em 23 de mai. 2022.

PCN: http://portal.mec.gov.br/programa-saude-da-escola/195-secretarias-112877938/seb-educacao-basica-2007048997/12598-publicacoes-sp-265002211

PREPARAENEM

https://www.preparaenem.com/portugues/dez-haicais-paulo-leminski.htm